따라하면 매출이 따라오는
SNS 마케팅
SNS MARKETING

따라하면 매출이 따라오는
SNS 마케팅

SNS MARKETING

원앤원북스

고객의 마음을 사로잡는
SNS 마케팅의 힘

사업을 하는 사람이 SNS를 운영하지 않는다는 것은 총칼 없이 전쟁터에 나서는 것과 같다. 이제 SNS는 단순히 취미로만 활용되지 않는다. 다양한 니즈를 갖고 있는 많은 사람들이 모여 거대한 시장을 형성했기 때문이다. 정보통신정책연구원(KISDI)에서 2019년 1만 864명을 대상으로 한 조사에 따르면 국내에서 SNS를 이용한다고 응답한 비율은 47.7%에 달했다. 그만큼 SNS가 다수의 잠재고객을 확보해야 하는 사업자에게 필수불가결한 마케팅 플랫폼이라는 뜻이다.

고객에게 유무형의 서비스를 알리고 제공해야 하는 사업자는 적극적으로 SNS를 활용해야 한다. 특히 광고에 큰 비용을 할애하지 못하는 1인 사업자, 소상공인이라면 더더욱 SNS 운영에 집중해야 한다. 전작 『따라하면 매출이 따라오는 페이스북 마케팅』에서는 국내에서 가장 많이 사용되는 SNS인 페이스북을 집중적으로 살펴보았다. 이번에는 네이버 블로그, 페이스북, 인스타그램, 유튜브를 중심으로 개별 SNS 채널을 종합적으로 활용해 마케팅 효과를 극대화하는 방안을 알아보려 한다.

SNS는 가장 효과적으로 제품과 서비스를 알릴 수 있는 도구일 뿐만 아니라, 사업에 알맞은 잠재고객을 선별해 소개해주는 맞춤형 알선 채널이기도 하다. 전문가들은 입을 모아 나노타기팅(nano targeting), 마이크로타기팅(micro targeting)의 중요성을 강조한다. 이는 개별 소비자의 성향과 생활 패턴 등을 파악해 맞춤형으로 펼치는 마케팅 전략을 말한다. 네이버 블로그, 페이스북, 인스타그램, 유튜브 등 SNS 채널이 세분화되면서 보다 정교한 타기팅이 가능해졌다. SNS를 통한 마케팅 자동화(잠재고객을 충성고객으로 만드는 모든 단계를 자동화하는 것) 시스템은 대기업뿐만 아니라 이미 중소기업에도 적용되었으며, 앞으로는 1인 사업자와 소상공인에게도 널리 퍼져 사업 영역을 구축할 것이다. 결국 경쟁자에게 뒤처지지 않기 위해서라도 SNS 운영이 필수인 시대다.

사업이 흥하고 망하는 것은 '내가 이 일을 하고 있다는 사실을 많은 이들이 알고 있는가?'에 달려 있다. 잠재고객을 충성고객으로 만드는 건 뒷일이다. 일단 사람들이 내가 무슨 일을 하고 있는지 알아야 단골로 만들 가능성이 생기지 않겠는가? 예비 창업자, 소상공인, 중소기업이 SNS 운영에 최선을 다해야 하는 이유다. 또한 과거에는 전단지나 신문지, TV 광고 등 불특정 다수의 사람들에게 노출되는 것이 중요했다면, 이제는 극소수의 사람일지라도 내 사업에 관심을 보일 만한 타깃을 선별하는 것이 중요한 시대가 되었다. 이 책은 바로 그러한 시각에서, 즉 잠재고객이 어디에 있고 어떻게 그들을 찾아 접근할 것인가에 대한 해답을 제시하고자 한다. 또한 각각의 SNS 채널을 운영하면서 초보자가 간과하기 쉬운 잘못과 실수들을 빠르게 수정하고 보완할 수 있도록 관련 노하우를 제공할 것이다.

필자는 그동안 현장에서 SNS 마케팅 강의와 관련 컨설팅을 진행하면서 왜 많은 사업자들이 SNS 운영에 애를 먹고 있는지 관찰했다. 그러한 다양한 데이터와 현장 경험을 바탕으로 1인 사업자, 소상공인, 중소기업에 적합한 SNS 운영 전략을 구상했다. "모든 것은 현장에 답이 있다."라는 모토를 바탕으로 실질적으로 도움이 될 수 있는 노하우만 추려 누구나 쉽게 따라할 수 있도록 했다.

한 가지 주의가 필요한 부분은 있다. 마케팅이란 결국 고객에게 제

품과 서비스를 이용하라고 '제안'하는 것이다. 모든 비즈니스는 이러한 제안을 통해 거래가 이루어지고, 내가 좋은 제안을 가지고 있을 때만 상대방은 기꺼이 그 제안에 응하게 된다. SNS는 나의 제안을 원활하고 효과적으로 적절한 잠재고객에게 전달하는 '메신저'일 뿐이다. 제안의 내용이 터무니없이 나쁜데 상대가 응하길 바라서는 안 된다. 비즈니스는 주고받는 것이다. 판매자의 역할뿐만 아니라 소비자의 역할까지 도맡아 '내가 소비자라면 과연 이 제안에 순수하게 응할 것인가?'를 먼저 고려하기 바란다. 이 책에는 나쁜 제안을 좋은 제안으로 둔갑시키는 비법 따위는 없다. 필자가 제시한 방법대로 꼼꼼하게 잘 따랐는데 효과가 없다면 원점으로 돌아가 제안의 내용부터 검토해보기 바란다.

마케팅의 핵심은 구매전환율(노출수 대비 구매로 이어진 수의 백분율)이다. 모든 유입은 구매전환을 위한 과정으로 설정해야 한다. 네이버 블로그, 페이스북, 인스타그램, 유튜브 등을 하는 이유도 단순히 잠재고객의 유입을 늘리기 위해서가 아니다. 유입은 반드시 구매전환이라는 길로 이어져야 한다. 구매로 이어지지 않는 유입량은 의미가 없다. 100명이 유입되었는데 1명만 구매하는 마케팅 전략이 있고, 10명이 유입되었는데 절반인 5명이 구매에 나서는 마케팅 전략이 있다면 당연히 후자가 훨씬 좋다. 유입을 높이는 전략에만 매몰되어 구매전환율을 간과해서는 안 된다.

유입량을 높이는 방법은 비교적 쉽게 배울 수 있다. 반면 구매전환은 의지대로 잘 되지 않는다. 유입량의 증감은 의지만 있으면 충분히 조정할 수 있지만 구매전환은 의지대로 이루어지지 않는 경우가 대부분이다. 그래서 다양한 실전 사례를 바탕으로 구매전환율을 높이는 방법까지 제시하고자 노력했다. 각자 운영하는 사업의 특성이 다르니 딱 들어맞는 정답은 아닐 수 있지만, 가장 정답에 가장 가까운 방법이라고 자신한다. 이 책을 통해 타깃이 되는 고객의 범위를 최대한 좁게 설정하는 방법을 익힌 후 해당 타깃으로 하여금 즉각적인 반응을 일으키는 메시지를 만들어보자. 흔히 타인의 감성을 자극해 어떠한 행동을 유도하는 것을 '감성팔이'라고 하는데 필자는 감성팔이야말로 가장 효

과적인 마케팅 비법이라고 생각한다. SNS 마케팅을 통해 성공적으로 고객에게 감성을 전달할 수 있다면 당신의 비즈니스는 빠르게 성장할 것이다.

임성빈

차례

PART
1

SNS 마케팅이란
무엇인가?

마케팅 자동화
시스템을 구축하라

PART 6

SNS MARKETING

PART 1

SNS 마케팅이란 무엇인가?

10:10

마케팅은 너무나도
중요하기 때문에
마케팅 담당 부서에만
맡겨서는 안 된다.
_ 데이비드 패커드(David Packard)

판매자와 소비자를 연결하는 SNS

사람들 사이의 관계망을 구축해주는 온라인 서비스 SNS는 생활의 일부분을 차지할 정도로 이제는 우리에게 너무나 흔하고 익숙하다. 흔히 SNS 계정을 적극적으로 운영하며 직접 콘텐츠를 만들고 공유하는 사람만 이용자라고 생각하는데, 사실 직접 계정을 운영하지 않고 남이 올리는 게시물을 보기만 하는 이용자의 수가 압도적으로 많다. SNS가 적극적으로 계정을 운영하지 않는 '눈팅족(인터넷상에서 눈으로 구경만 하는 사람들)'에게까지 사랑받는 이유는 무엇일까? 그 이유는 짧은 문장과 사진 몇 장만으로 쉽고 간편하게 소통하는 플랫폼이기 때문이다. 우리는 마이크로블로그(microblog) 역할을 하는 SNS를 통해 구구절절 긴말이 필요 없는 시대, 짧은 글과 사진으로 소통하는 시대, 마치 외로움을 호소하듯 끊임없이 인터넷이라는 가상의 망망대해를 유랑하는 시대에 살고 있다.

콘텐츠로 가치를
창출해야 하는 이유

SNS가 회사를 운영하거나 창업을 준비 중인 사람들에게 유용한 플랫폼인 것은 분명하다. 하지만 SNS를 오로지 마케팅 도구로만 생각해서는 안 된다. SNS를 이용하는 사람들은 제품과 서비스를 필요로 하는 소비자가 아니라 누군가와 교류하고 소통하고 싶어 하는 일반 대중일 따름이다. 대화가 끊긴 가족 구성원, 입시 지옥에 시달리는 아이, 경력 단절의 어려움을 겪는 여성 등 많은 이들이 5인치의 작은 화면 속에서 위안을 받고 있는지도 모른다. 이렇듯 SNS는 나와 아무런 상관없는 사람들과 교류하고 소통하며 서로 위로를 주고받으며 살아가는 작은 우주와 같다. 그런데 이렇게 서로를 보듬으며 이야기하는 공간에 불쑥 '마케팅'이란 녀석이 끼어들면 불쾌할 수밖에 없다. 이를 흔히 '소통을 가장한 광고'라고 하는데, 이런 식의 접근은 오히려 브랜드 이미지만 망칠 뿐이다.

SNS가 판매자와 소비자를 손쉽게 연결하는 창구인 것은 맞지만, 그렇다고 SNS를 광고하기 좋은 광고판으로만 여겨서는 안 된다. SNS의 장점을 되짚어보자. 누구나 쉽고 간편하게 SNS로 양질의 콘텐츠를 만들 수 있고, 더 나아가 콘텐츠로 가치를 창출할 수 있다. SNS 이용자들은 바보가 아니다. 그들은 어떤 게시글이 '무분별한 광고'인지 '유용한 콘텐츠'인지 구분할 수 있는 눈을 지녔다. 어떤 제품과 서비스를 이용하라는 100마디 말보다 유용한 콘텐츠를 담은 게시글 하나가 더 효과적인 이유다.

물론 SNS가 비즈니스와 상관없이 100% 순수하게 서로의 사는 모습을 공유하기 위해 만들어진 것은 아니다. SNS 플랫폼을 만든 회사가 가능한 한 사람을 많이 모으려고 노력하는 이유는 그 안에서 상업적인 무언가를 추구해 이윤을 남겨야 하기 때문이다. SNS를 만든 회사가 이윤을 추구하는 대표적인 방법은 바로 '광고'다. 본인이 인플루언서가 되어 따로 SNS의 광고 서비스를 이용하지 않아도, 즉 비용을 지불하지 않아도 제품이 팔리는 구조가 된다면 참 가슴 벅찬 일일 것이다. 하지만 제품과 서비스가 지니고 있는 본연의 가치, 그리고 해당 제품과 서비스를 홍보하는 콘텐츠가 유용하지 않다면 가치를 창출할 수 없다. 아무리 노출이 많이 되어도 가치가 없다면 스팸으로 취급되어 이용자의 마음을 사로잡기 힘들다.

가치란 생산자가 소비자에게 강제로 부여하는 것이 아니라 제품을 경험한 소비자가 느끼는 감정이다. 즉 가치가 있다고 여겨질 만한 제품이나 서비스가 있고, 그 제품이나 서비스를 홍보하는 콘텐츠가 자신에게 도움이 되는 내용이라면 굳이 사라고 강권하지 않아도 알아서 고객이 몰리게 된다. SNS 마케팅의 핵심은 이용자가 자연스럽게 '어? 이거 좋은데!' 하고 어떤 제품이나 서비스를 자신의 친구에게 알리는 알고리즘, 즉 바이럴 마케팅(viral marketing)을 통해 저절로 홍보가 되도록 유도하는 것이다. 바이럴 마케팅이란 소셜미디어 채널을 통해 거미

줄처럼 연결된 네트워크로 이용자들 사이에 바이러스처럼 빠르게 제품과 서비스를 홍보하는 마케팅 기법으로, 이용자들이 자발적으로 홍보에 나서게 함으로써 이윤을 추구하는 것이다.

취미로 이용하든, 상업적으로 이용하든 일단 SNS로 가치를 창출하면 많은 이용자들이 몰리게 된다. 문제는 그 '가치'라는 녀석을 어떻게 창출하느냐는 것인데, 전문가들은 진정성 있고 공감할 수 있는 콘텐츠를 만들라고 조언한다. '그래서 진정성 있고 공감할 수 있는 콘텐츠가 도대체 뭐냐고?' 하는 생각이 들 것이다. 이 부분에 대한 구체적인 조언은 뒤에서 다루도록 하겠다.

당신의 SNS 마케팅이 실패하는 이유

SECTION
02

　　예비 창업자, 소상공인, 중소기업 등이 SNS 계정 운영에 어려움을 겪는 이유는 무엇일까? 가장 큰 이유는 SNS 플랫폼의 특성과 주 사용자층의 성격을 간과했기 때문이다. SNS는 종류가 참 다양하다. 플랫폼에 따라 주 사용자층이 다르고 주된 관심사도 다르다. 말 그대로 '아 다르고 어 다른 곳'이 SNS다. "아"라고 해야 하는 곳에서 "어"라고 하면 안 되듯이, 20~30대 여성이 주로 활동하는 SNS에서 40~50대 남성이 좋아할 법한 콘텐츠를 만들면 아무 소용 없다.

　　예를 들어 내 사업에 맞는 잠재고객은 인스타그램에 많이 있는데 페이스북에 가서 주저리주저리 게시글을 늘어놓아서는 안 된다. 내 제품과 서비스를 필요로 하는 고객이 누구인지부터 바로 알아야 마케팅 경쟁에서 우위를 점할 수 있다. 고객을 바로 알면 효과적인 SNS 마케팅이 가능하며 사업에 성공할 확률도 훨씬 높아진다.

많은 사람들이 SNS 계정 운영에 실패하는 이유는 무엇일까? '광고비를 따로 쓴 것도 아니고 손실이 발생한 것도 아닌데 실패라니 무슨 소리야?'라고 생각할 수도 있다. 하지만 SNS의 유료 광고 서비스를 이용하지 않았다고 해서 그것이 과연 실패가 아닐까? 포스팅을 위해 들인 시간과 고민, 사진을 고르고 글을 쓰는 행동에 들어간 노고를 따져보자. 열심히 공을 들여 SNS 마케팅을 했는데 아무런 결과가 없다면 그것이 바로 실패라고 말하고 싶다.

SNS에 대한 이해가 먼저다

SNS에 공들인 시간만큼 마케팅 효과를 보지 못했다면 그 이유는 무엇일까? 필자가 여러 SNS 계정들을 분석한 결과, 실패한 계정들은 대부분 게시물의 성격과 방향을 잘못 설계한 경우가 많았다. SNS에 대한 이해가 부족한 상태에서 무작정 포스팅만 반복한 계정들은 백이면 백 실패를 거듭했다.

흔히 우리가 SNS라고 부르는 채널은 네이버 블로그, 페이스북, 인스타그램, 유튜브가 대표적이다. 트위터와 카카오스토리를 제외한 이유는 사업자들이 이용하기에 적합한 마케팅 플랫폼이 아니기 때문이다. SNS라고 하기 어려운 네이버 블로그를 포함시킨 이유는 국내 검색

▲ 네이버 블로그, 페이스북, 인스타그램, 유튜브의 로고

엔진의 공룡인 네이버를 간과할 수 없기 때문이다.

이 중 페이스북은 글을 쓰는 공간이다. 글을 통해 서로 정보와 감성을 주고받고 소통하는 공간이지 장사를 하는 공간이 아니라는 이야기다. 그런데 많은 사업자들이 자신이 팔고 있는 상품의 사진을 떡하니 올려놓으며 노골적으로 홍보를 하고 있다. 이것이 페이스북 마케팅에 실패하는 가장 큰 이유다.

인스타그램은 어떨까? 인스타그램은 페이스북에 비해 비교적 제품 사진에 대한 거부감이 덜하다. 사진 몇 장만 덩그러니 올려도 생각보다 구매전환율이 높은 플랫폼이다. 물론 사진이 감성적이고 멋있어야 한다는 조건이 있지만 어찌되었든 인스타그램은 이미지가 좋으면 상품도 잘 팔리는 특징이 있다. 즉 페이스북은 글로 소통하는 감성 교류의 장인 데 반해, 인스타그램은 글보다는 이미지로 공감을 주고받는 성격이 강하다. 이러한 차이점을 인지하지 못하면 페이스북에 글 없이 사진만 계속 올리고, 인스타그램에 장문의 홍보글을 남발하는 우를 범하게 된다.

그럼 유튜브는 어떨까? 페이스북과 인스타그램은 구조상 성장하는 데 광고가 필수적이지만, 유튜브는 광고비를 쓰지 않고도 브랜딩이 가능한 효율적인 채널이다. 자리만 잡으면 효과적으로 수익을 얻을 수 있는 채널이어서 많은 마케터들에게 인기를 얻고 있다. 필자는 유튜브를 최단 기간에 최고의 광고 효과를 볼 수 있는 SNS라고 생각한다. 페이스북은 아무리 팔로워가 많고 인기가 좋아도 일반인이 쉽게 돈을 벌 수 있는 구조가 아니다. 인스타그램 역시 계정 관리와 마케팅에 많은 시간과 노력을 쏟아도 그만큼 효과를 보기 어렵다. 물론 업종에 따라 다르겠지만 대부분 그렇다. 하지만 유튜브는 구독자 수와 시청 시간 등에 관계없이 운영 전략에 따라 단기간에 수익을 얻을 수 있다(단기간이란 최소 3개월을 말한다). 여기서 수익이란 구글 애드센스(구글에서 운영하는 광고 프로그램)를 통한 광고 수익이 아니라 영상에서 소개하는 제품이 팔리면서 생기는 수익을 뜻한다. 제품과 별개로 애드센스로 수익을 얻기 위해서는 당연히 구독자 수와 시청 시간 등의 관리가 필요하다.

범주를 넓혀 국내 최대 검색엔진인 네이버를 활용하기 위해서는 네이버 블로그까지 운영해야 한다. 블로그의 마케팅 전략은 당연히 페이스북, 인스타그램, 유튜브와 상이하다. 네이버 블로그를 효과적으로 운영하기 위해서는 네이버의 각 영역에서 검색되도록 전문적인 교육을 받고 블로그를 세팅하는 것이 좋다. 블로그는 네이버가 요구하는 C-RANK(씨랭크)와 D.I.A(다이아) 로직에 대한 이해가 필수적이다. 이 부분을 이해해야 검색 시 상위노출이 가능하다. 블로그뿐만 아니라 지식인 역시 관련 로직을 이해한 후 활동하는 것이 효율적이며, 스마트 플레이스 또한 상위노출을 위한 몇 가지 조건을 충분히 숙지해야 한다. 검색엔진최적화(SEO; Search Engine Optimization)로 운영되는 웹사이트 또한 필요한 요소를 공부한 후 운영해야 마케팅 비용을 최소화할 수 있다.

채널별로 운영방법을
달리해야 한다

결국 결론은 채널별로 운영방법을 달리해야 한다는 것이다. SNS 가 실패하는 가장 큰 이유는 콘텐츠에 가치가 없다는 데 기인하지만, 각 채널별로 접근방법을 달리하지 않기 때문이기도 하다. 아무리 좋은 글, 예쁜 사진을 활용해 유용한 콘텐츠를 만들어도 SNS 플랫폼의 특성을 간과하면 실패할 수 있다. 비교적 구매전환율이 높고 광고 글에 거부감이 적은 곳에서는 제품의 우수성을 알리는 데 포커스를 맞춰야 할 것이며, 소통이 중요한 곳에서는 맹목적인 제품 소개가 아닌 소통에 집중해야 할 것이다. 젊은층이 주로 활동하는 곳에서는 감성적이고 세련된 이미지와 글이 필요한 반면, 중년층이 주로 활동하는 곳에서는 보다 직관적이고 실용적인 콘텐츠가 필요하다. 더 세세히 파고들면 성별, 종교, 지역 외에도 다양한 변수들을 고려해 콘텐츠를 만들 수 있다. 물론 제품과 서비스에 따라 변수는 존재한다. 이렇게 채널별 특징을 파악하지 않고 운영방법을 달리하지 않는다면 백이면 백 실패하는 곳이 바로 SNS다.

SNS에 마케팅을 더해야 하는 이유

최근 인플루언서 마케팅에 대한 대중의 관심이 커지면서 이에 대한 보도가 방송에서 여러 차례 소개되고 있다. 실제로 특정 업종의 경우 유명 연예인을 앞세운 매스미디어 광고의 효과는 점점 하락 추세인 반면, 일반인에 가까운 인플루언서를 활용한 마케팅의 효과는 빠르게 높아지는 추세다. 주로 SNS를 무대로 활동하는 이들이 대중에게 사랑받는 이유는 아마도 연예인보다 친밀하고 가깝게 느껴지기 때문일 것이다. 광고주 입장에서도 상대적으로 저렴한 비용으로 높은 효과를 기대할 수 있어 큰 매력을 느끼고 있다.

그러나 유명 연예인에 비해 상대적으로 저렴한 건 맞지만 1인 사업자, 소상공인에게 인플루언서의 섭외 비용은 큰 부담이다. 우선 영세한

광고 효과 산출 과정

리치(reach)
광고가 얼마나
노출되었는가?

레즈넌스(resonance)
소비자의 태도를
변화시켰는가?

리액션(reaction)
소비자의 행동을
변화시켰는가?

사업자는 인플루언서를 섭외하기가 쉽지 않다. 설사 무리를 해서 섭외한다 해도 그 효과를 측정하기가 어렵다. 사람들의 입에 자주 오르내리며 소문이 난다면 더할 나위 없이 좋겠지만 유명세를 타지 못하고 실패하는 광고도 수두룩하다.

일반적으로 광고 효과를 산출하기 위해선 리치(reach), 레즈넌스(resonance), 리액션(reaction) 세 가지 지표를 활용한다. 리치는 광고의 도달률과 노출 정도를 확인하는 것이고, 레즈넌스는 소비자의 태도를 얼마나 호의적으로 전환시켰는지 살펴보는 것이다. 마지막으로 리액션은 소비자의 태도 변화 여부를 보는 것으로, 구매전환율과 직접적으로 연계된 지표다. SNS가 자체적으로 제공하는 유료 광고 서비스의 경우 관련 지표를 확인하기 용이하지만, 인플루언서 마케팅의 경우 관련 지표를 정량적으로 확인하기 어렵다는 단점이 있어 부담으로 작용한다.

저비용 고효율의
SNS 마케팅

인플루언서 마케팅이 부담스럽다면 할 수 없이 검색엔진인 네이버나 구글 등의 유료 광고 서비스를 이용해야 한다. 그러나 기존의 매스미디어 광고보다 저렴하다고는 하지만 이 역시 부담이 크다. 필자가 추천하는 방법은 SNS에 마케팅을 더하는 것이다. 이보다 더 적은 비용으로 높은 효율을 낼 수 있는 방법은 없다. 제품이 순수하게 100% 입소문을 타서 알려지고 팔리는 경우를 제외하고는 SNS 등 외부의 힘을 빌려 홍보할 수밖에 없다. 물론 비용을 들이지 않고 마케팅을 한다면 좋겠지만 사업을 키우기 위해서는 어느 정도 금전적인 지출이 필요하다.

예를 들어 목표 순이익이 한 달에 500만 원이라고 가정해보자. 만약 매출이 많아 800만 원의 수익을 얻었다면 초과된 금액 300만 원을 다른 곳에 사용하지 말고 재투자해야 한다. 이 초과된 수익을 더 적극적인 마케팅 활동을 위해 사용한다면 비즈니스를 성장시키는 데 큰 발판이 될 것이다. 또한 자신의 제품을 타깃 고객들에게 무료로 주는 데 인색하면 안 된다. 세상에 공짜를 싫어하는 사람은 없다. 자신의 제품이 충분히 좋다면 꼭 비용을 받고 판매할 생각만 하지 말고 무료로 나눠주는 프로모션을 진행해야 한다. 특히 SNS를 활용하는 사업자라면 이러한 프로모션이 잠재고객의 정보를 확보할 수 있는 가장 효과적인 방법이다. 비용을 아까워 하지 말고 작은 사은품이라도 준비해보자. 할 수 있는 한 많은 것을 주면서 최대한 생색을 내는 것 역시 마케팅의 한 방법이다. 잠재고객의 정보를 확보하는 방법에 대해서는 뒤에서 더 자세히 다루도록 하겠다.

SNS 마케팅이 저비용 고효율의 마케팅 전략인 이유는 누구나 적어도 스마트폰 하나는 갖고 있기 때문이다. 스마트폰이나 컴퓨터만 있으면 초기에 따로 비용이 들지 않는다. 그래서 예비 창업자, 소상공인이라면 스마트폰을 하루 종일 손에서 놓지 말아야 한다. 불특정 다수의 사람들은 '나'라는 존재를, 내가 무슨 사업을 하는지를 전혀 모른다. 그래서 나의 사업이 포털사이트에서 반드시 검색되게 해야 하며 SNS를 통해 스스로를 알려야 한다. SNS만이 적은 비용으로 마케팅을 일상화할 수 있는 유일무이한 수단이다.

아무리 좋은 제품과 서비스가 있다고 해도 고객들의 눈앞에 자주 보이지 않으면 잊혀질 수밖에 없다. 여기서 핵심은 일방적인 광고나 홍보성 게시물이 아니라 고객들에게 진정 도움이 될 만한 콘텐츠를 제공할 때 효과를 볼 수 있다는 점이다. 마케터는 언제나 자신의 시선을 고객의 입장에 둬야 한다. 명심하자. 고객은 쉽게 주머니를 열지 않는다. 주머니를 열게 하기 위한 전제조건은 '제품이 어떠한 이로움을 줄 것인가?' '문제를 해결해줄 수 있는 제품인가?' 등이다. 이러한 질문에 답을 주지 못하는 콘텐츠라면 과감히 버려야 한다. 고객의 주머니를 열게 하기 위해 우리는 고객의 입장이 되어 생각해야 한다. 고객이 원하는 것은 회사의 일방적인 자랑이나 화려한 프로필이 아니라 고객 자신에게 뭔가 이로움을 줄 수 있는 콘텐츠임을 명심하자.

SNS MARKETING

PART 2

SNS 마케팅의 첫걸음, 네이버 블로그

10:10

마케팅은
제품의 싸움이 아니라
인식의 싸움이다.
_ 잭 트라우트(Jack Trout)

네이버 노출이 중요한 이유

인터넷트렌드에서 발표한 자료에 따르면 2019년 포털 사이트별 검색 점유율 비중은 네이버(58%), 구글(33%), 다음(6.5%) 순이었다. 이는 국내에서 인터넷을 이용하는 사람 중 절반 이상이 네이버에서 필요한 자료를 찾는다는 뜻이다. 근래 구글이 급성장하면서 격차가 조금씩 줄어들기는 했지만, 아직까지 한국에서 네이버라는 거대 플랫폼이 차지하는 비중은 참으로 크다. '네이버'라는 말이 보통명사로 쓰일 정도로 인터넷을 이용하는 사람들 대부분은 네이버를 시작페이지로 쓰고 있으며, 궁금하거나 필요한 정보를 찾을 때면 네이버 검색엔진을 활용한다. 설사 자신이 구글을 주로 사용한다고 해도 네이버가 제공하는 이메일, 블로그, 스마트플레이스, 지식인, 네이버쇼핑 등 모든 서비스에서 자유로울 수는 없다. 따라서 제품과 서비스를 알리고 잠재고객을 확보해야 하는 사업자는 당연히 네이버를 활용해야 한다.

네이버가 제공하는 서비스 중 예비 창업자, 소상공인, 중소기업이 가장 활용하기 좋은 서비스로는 '블로그'가 있다. 블로그 마케팅을 통해 누구나 홍보하고자 하는 제품과 서비스를 빠르고 광범위하게 전달할 수 있으며, 한 번의 포스팅만으로 여러 플랫폼에 전파가 용이해 효율적이다. 물론 그만큼 범용적으로 운영되어 경쟁도 치열하고 운영 시 주의해야 할 점도 많다는 단점은 있다.

네이버 블로그는
기본 중의 기본

장사나 사업을 하려면 '목이 좋은 곳'에서 하라는 말이 있듯이 온라인에서 목이 가장 좋은 곳이 바로 네이버다. 목이 좋아야 사람들이 많이 모이고, 되도록 많은 사람들이 모인 곳에서 제품과 서비스를 알려야 매출이 늘어날 확률도 높일 수 있다. 물론 요즘 젊은층은 구글을 활용하기도 하고, 40~50대 이상의 남성은 오랫동안 사용했다는 이유로 아직까지 '다음'을 애용하기도 한다. 하지만 대부분의 연령층에서 네이버의 이용률이 압도적으로 높은 것이 사실이다. 그래서 매출을 올리기 위해선 네이버라는 거대 플랫폼에서 지속적으로 마케팅 활동을 해야만 한다.

네이버에 직접 돈을 주고 광고를 내는 방법도 있지만 비용을 적게

따라하면 매출이 따라오는 SNS 마케팅

들이거나 아예 들이지 않고도 마케팅을 할 수 있는 방법이 있다. 바로 네이버를 이용하는 잠재고객이 알아서 우리의 콘텐츠를 소비하고 홍보해주도록 바이럴 마케팅을 펼치는 것이다. 그 토대가 되는 곳이 바로 네이버 블로그다.

사람들이 네이버에 특정 제품과 서비스를 검색해 찾아보는 이유는 무엇일까? 글로벌 시장 조사 기업 닐슨서베이가 50개국 2만 4천 명을 대상으로 조사한 자료에 따르면 소비자들은 TV, 신문, 라디오 등의 매스미디어보다 '소비자의 추천'을 더 신뢰하는 것으로 나타났다. 즉 기업의 공식사이트나 대중매체 광고 못지않게 블로그 포스팅의 마케팅 영향력이 그만큼 높다는 뜻이다. 우리의 잠재고객이 네이버에 특정 제품과 서비스를 검색해 찾아보는 이유는 결국 다른 소비자들의 의견을 묻거나 듣고 싶기 때문이다.

예를 들어 가습기를 사고 싶은 A가 있다고 가정해보자. A는 무작정 인터넷쇼핑몰에 들어가 구매 버튼을 누르기보다는 우선 네이버에 '가습기'를 검색해 정보를 찾을 것이다. 당장 구매 여부를 결정하지 않더라도 특정 가습기를 추천하는 글, 유명 가습기 제품들을 비교하는 글, 가성비 좋은 가습기를 추천하는 글 등 다양한 콘텐츠를 보며 제품을 추릴 것이다. 만일 이때 우리의 콘텐츠가 네이버 블로그 상단에 노출되어 눈에 잘 띈다면 잠재고객이 유입될 확률도 높아진다.

필요한 제품과 서비스를 직접 검색하지 않더라도 우연히 유입되기도 한다. 소비자들은 습관적으로 쇼핑을 하고, 실시간 검색어를 보고, 방송에서 나온 하이라이트 동영상을 보고, 날씨를 살피는 등 시간이 날 때마다 네이버를 찾는다. 관련 콘텐츠를 보다가 불현듯 필요한 물

블로그 1-10 / 642,792건

가습기 추천 대용량이라 good 5일 전
되는 가습기 추천해보려고 합니다. 전에 사용하던 제품은 가습기 주변에 물방울이 많이
맺혀서 가구가 젖는 경우도 발생했는데 제가 이번에 만나 본 리하스 초음파...
별처럼 반짝이자_해... simply29.blog.me/222071385725   블로그 내 검색

(가습기비교) 초음파식 다이슨 8개월 사용후기 / 세척방법 2020.07.30.
발뮤다와 다이슨가습기를 샀습니다. 저는 가격대가 있는 가전제품을 살때에는... 가격이
훨씬 싸니깐..ㅠㅠ 그래서 가습기가 없었던 우리집엔 곧 있을 아기를 위해서...
귀찮은 열정망의 육... blog.naver.com/hanazagg/222046020381   블로그 내 검색

대용량 가습기 붕붕난다 있으니 굳굳~ 2020.02.23.
우리 집은 또 1,2층이라 대용량 가습기 아니면 금방 습도가 올라가지도 않더라구요;... 대
용량 가습기가 필요하더라구요. 저도 바쁘고 다른 할일도 많은데 틈나는대로...
무스미엘 blog.naver.com/reser45/221821580832   블로그 내 검색

복합식가습기만큼 안전하고 가성비 좋은 앳썸 2020.08.03.
아예 가습기를 장만했어요. 제대로 된 친구로 다가. 처음에는 어떤 가습기가 좋은지 몰라
서 검색도 하고, 주변에도 물어봤더니 복합식 가습기를 구매하라네요? 그런데...
제제의 하루 blog.naver.com/shim_jihye/222050207770   블로그 내 검색

▲ 네이버 블로그에 '가습기'를 검색한 화면. 콘텐츠가 네이버 상단에 노출되어 눈에 잘 띈다면 잠재
고객이 유입될 확률도 높아진다.

건이 떠오르고 충동구매로 이어지는 경우도 많다. 만일 자신이 사업을
운영 중인데 네이버 블로그가 없다면 이러한 고객들의 유입을 스스로
원천 봉쇄하는 것이나 다름없다. 어렵게 느껴지더라도 따로 공부를 해
서 반드시 블로그를 운영해야만 한다.

문제는 네이버 블로그 시장이 과열 경쟁을 넘어 포화 상태로 접어
들었다는 것이다. 사람의 심리를 현혹하는 거짓된 정보를 담은 글들이
블로그를 통해 상위노출되면서 피해를 보는 사람이 늘고 있다. 좋지
않은 제품을 좋은 제품이라고 과장하는 허위광고로 인해 소비자들의
불만이 쌓이면서 점차 블로그 마케팅의 위력이 약해지고 기반이 흔들
리는 추세다. 구글의 경우 공신력 있는 기관과 오랫동안 신뢰받은 업

▲ 모바일 네이버의 과거 메인화면(왼쪽)과 현재 메인화면(오른쪽)

체들의 정보가 상단에 검색되는 반면, 네이버는 누구나 쉽게 쓸 수 있
는 블로그 게시글이 상단에 검색되면서 이러한 부작용이 발생하게 되
었다. 따라서 네이버 블로그는 말 그대로 '기본'으로 생각해야 한다. 없
어서는 안 되지만 그렇다고 기본에만 충실해서는 목표를 이룰 수 없
다. 네이버 블로그는 기본으로 운영하되 페이스북, 인스타그램, 유튜브
운영도 병행할 필요가 있다.

    네이버도 이러한 문제점을 깨달았는지 최근에는 좀 더 정확한 정
보를 제공하기 위해 모바일 메인화면을 구글처럼 검색창만 보이게 바
꿨다. 과거에는 다양한 주요 기사를 메인화면에 바둑판처럼 늘어놓았

다면 이제는 각자 원하는 키워드를 검색한 후 정보를 취하는 형식으로 변화를 주었다. 네이버가 어떻게 바뀌었든 블로그를 통해 최대한 제품과 서비스가 잘 검색되게 하고, 판매까지 원활히 이어지도록 해야 한다는 점은 바뀌지 않았다. 이는 순전히 자신의 역량에 달려 있다고 해도 과언이 아니다.

예를 들어 대구 침산동에서 중고차를 판매하는 사업을 하고 있는 B가 있다고 가정해보자. B에게 필요한 사람, 즉 잠재고객은 네이버 검색창에 '대구 중고차' '대구 침산동 중고차' '대구 아우디' '대구 벤츠' 등 지역 키워드나 대표 키워드, 특정 브랜드를 검색하는 이용자다. 이러한 키워드로 검색했는데 B가 운영하는 블로그 게시물이 하나도 노출되지 않는다면 이는 포인트를 잘못 잡아도 한참 잘못 잡은 것이다. B가 힘들게 팔고 있는 중고차는 세상에 없는 것이 된다. 그런데 생각보다 이런 부분을 간과하는 사업자가 참 많다. 과거의 방식에 매몰되어 지역신문, 특정 협회지, 전단지 등에만 광고비를 할애하는 경우가 의외로 많다. 재차 강조하지만 네이버 블로그는 기본 중의 기본이다. 자신의 사업과 관련된 키워드를 검색했을 때 반드시 자신의 브랜드가 노출되어야 한다.

네이버는 비용이 들어가는 부분과 비용이 들어가지 않는 부분으로 영역이 구분된다. 예를 들어 네이버에 '중고차'를 검색하면 제일 먼저 '파워링크'가 노출되고 그 아래에 '비즈사이트'가 노출된다. 파워링크와 비즈사이트는 광고비가 들어가는 유료 영역이다. 그 외에 '블로그' '카페' '지식인' '이미지' '웹사이트' '포스트' 등이 있다. 이것들은 비용이 들어가지 않는 무료 영역이다. 자본이 충분한 일부 중소기업과 대

▲ 네이버 '중고차' 통합검색 화면. 사업자라면 네이버 블로그를 운영해 무료 영역에 자신의 광고를 노출시켜야 한다.

기업은 비용을 투자해 언급한 모든 영역에 콘텐츠를 노출할 수 있겠지만 영세한 사업자는 그럴 수 없다. 영세한 1인 사업자, 소상공인이라면 비용이 들지 않는 방법을 물색해야 할 것이다.

대구 침산동에서 중고차를 판매하는 B가 최소 비용으로 마케팅을 하는 방법은 무엇일까? 바로 네이버 블로그를 운영해 무료 영역에 자신의 광고를 노출시키는 것이다. 여력이 된다면 블로그 외에도 카페, 웹사이트 등을 함께 운영할 수 있다.

참고로 업종과 변수에 따라 키워드를 검색했을 때 통합검색(검색했을 때 나오는 첫 페이지)의 순서가 달라지는 경우가 가끔 있다. 또한 특정

▲ 모바일 네이버에서 '중고차'를 검색한 화면(왼쪽)과 '신형자동차'를 검색한 화면(오른쪽)

키워드에 따라 PC와 모바일에서의 노출 영역 순서가 바뀌기도 한다. 모바일 네이버에서 '중고차'를 검색한 화면과 '신형자동차'를 검색한 화면을 비교해보자. 전자의 경우 '뉴스' '지식인' 'VIEW' '이미지' 등의 순서로 영역이 노출된 반면, 후자의 경우 '이미지' '뉴스' 'VIEW' '쇼핑' 등의 순서로 영역이 노출되었다. 즉 자신이 중고차를 판매하고 있다면 지식인 활동에 집중하고, 신형자동차를 판매하고 있다면 차량 이미지 포스팅에 집중하는 등 노출 영역 순서에 따라 다양한 전략을 택할 수 있다.

따라하면 매출이 따라오는 SNS 마케팅

PC와 모바일을 구분해야 한다

네이버 블로그는 PC와 모바일 두 영역으로 나뉘어 노출된다. 어디에 중점을 두는가에 따라 검색량과 유입량에서 차이가 나며, 결국 매출의 차이로 벌어진다. PC 검색량이 많은 업종은 PC에 특화된 콘텐츠가 필요하고, 모바일 검색량이 많은 업종은 모바일에 특화된 콘텐츠가 필요하다. 또한 같은 블로그, 같은 게시글이어도 PC와 모바일이 조금씩 다르게 보인다.

PC에서의 검색량이 많은 제품이라면 PC에 맞는 콘텐츠를 발행할 수 있도록 전략을 짜야 한다. 전략의 차이는 유입의 차이로 이어지며, 더 나아가 매출의 차이로까지 이어질 수 있다. 네이버는 결국 검색을

▲ 네이버 블로그는 PC(왼쪽)와 모바일(오른쪽)이 조금씩 다르게 보인다.

하는 사이트다. 검색창에 제품과 서비스에 대한 키워드를 쳤을 때 우리 회사의 상품이 보이는 구조를 꼭 만들어야 한다.

PC와 모바일은 통합검색에서부터 차이가 크다. PC는 '블로그' '카페' 두 가지 영역이 따로 존재하는 반면, 모바일은 'VIEW'라는 이름으로 이 두 가지가 합쳐져 같이 검색되는 구조다. 그래서 조그만 화면에 보이는 모바일에서 자신의 블로그 글이 통합검색으로 노출되기란 그야말로 하늘의 별 따기만큼 어렵다.

예를 들어 네이버에서 '대구홍보마케팅'이란 키워드로 검색 시 PC 통합검색 메뉴 순서는 '블로그' '이미지' '지식인' '카페' '동영상' '쇼핑' '뉴스' 영역 순으로 검색된다. 나머지 영역은 '더보기' 탭을 눌러야 나온다. 반면 모바일에서 검색 시 통합검색 메뉴 순서는 'VIEW' '이미지' '지식인' '동영상' '쇼핑' '뉴스' 등의 순으로 이루어져 있다. 한번 자신의 사업과 관련된 키워드를 직접 검색해보기 바란다. 그 차이점을 쉽게 알 수 있을 것이다. 이렇게 각 영역의 검색 노출 순위가 중요한 이유는 순서에 따라 어떤 부분에 마케팅 역량을 집중해야 하는지 알 수 있기 때문이다.

▲ '대구홍보마케팅'의 PC 통합검색 메뉴(위)와 모바일 통합검색 메뉴(아래)

따라하면 매출이 따라오는 SNS 마케팅

만일 PC 통합검색 메뉴에서 카페 영역이 먼저 나오는 키워드가 있다면 네이버가 해당 키워드는 카페 게시글의 영향력이 크다고 슬쩍 힌트를 주는 것이다. '대구홍보마케팅' 키워드의 경우 PC 통합검색 메뉴에서 블로그 영역이 제일 앞에 있었다. 이는 최소한 해당 키워드에서는 블로그 게시글의 영향력이 제일 크다는 것을 알려주는 것이다. 그러나 대부분의 업체들이 이러한 부분은 거의 신경 쓰지 않고 SNS 마케팅을 하고 있다. SNS 마케팅에 능숙한 업체들은 노출 영역 순서를 파악한 후 그에 맞는 플랫폼을 공략해 매출을 올린다는 것을 명심하자. 직접 사업과 관련된 키워드들을 추려 검색만 해보면 되니 어렵지 않다. 이러한 기본적인 작업조차 힘들고 어렵다면 SNS 마케팅으로 성과를 거두기는 어려울 것이다.

잠재고객이 콘텐츠로 유입되는 과정을 반드시 체크하고, 그 과정에서 고객이 들르는 곳에 제품과 서비스를 노출시키고, 고객들의 후기가 보이게 하자. 키워드별로 전략을 달리하는 방법으로 마케팅을 전개한다면 분명 유입과 매출의 차이를 체감하게 될 것이다.

블로그의
기본 구성

블로그를 만들고 꾸미는 방법은 어렵지 않다. 네이버에 로그인한 다음 '블로그'를 누르고 '내 블로그'를 눌러 자신의 블로그로 이동하면 된다.

▲ 블로그의 기본 구성 화면

① | 타이틀

타이틀은 블로그의 대문 역할을 한다. 블로그 제목, 매장이나 제품 사진 등을 활용해 해당 블로그가 어떤 성격을 가지고 있는 명확히 보여주는 것이 좋다.

② | 상단메뉴

상단메뉴는 블로그의 메뉴 중 중요한 것만 상단에 따로 모아둔 공간이다. 오프라인 매장이 있는 업체라면 오시는 길이나 제품 정보 등을 기재해도 좋다.

기본 설정	꾸미기 설정	메뉴 · 글 · 동영상 관리	내 블로그 통계
기본 정보 관리	**스킨**	**메뉴 관리**	**오늘**
블로그 정보	스킨 선택	상단메뉴 설정	일간 현황
블로그 주소	내 스킨 관리	블로그	
프로필 정보		메모게시판	**방문 분석**
기본 에디터 설정	**디자인 설정**	프롤로그	조회수
	레이아웃·위젯 설정		순방문자수
사생활 보호	세부 디자인 설정	**글배달**	방문 횟수
블로그 초기화	타이틀 꾸미기	블로그씨 질문	평균 방문 횟수
방문집계 보호 설정	글·댓글 스타일		재방문율
콘텐츠 공유 설정		**글 관리**	평균 사용 시간
	아이템 설정	댓글	
스팸 차단	퍼스나콘	태그	**사용자 분석**
스팸 차단 설정	뮤직	글 저장	유입분석
차단된 글목록	폰트		시간대 분석
댓글·안부글 권한		**동영상 관리**	성별·연령별 분포
	네이버 페이·선물 내역	내 동영상	기기별 분포
열린이웃	페이 이용내역		이웃 방문 현황
이웃·그룹 관리	아이템 선물내역	**플러그인·연동 관리**	이웃 증감수
나를 추가한 이웃		그린리뷰 배너 설정	이웃 증감 분석
서로이웃 맺기		애드포스트 설정	국가별 분포

▲ 블로그 관리 메뉴 화면. 관리 메뉴에서 다양한 설정을 변경할 수 있다.

③ | **프로필**

프로필은 블로그 운영자에 대한 정보를 보여주는 공간으로, 사진과 닉네임, 설명 등을 충분히 활용해 정보를 제공하면 좋다.

④ | **위젯**

위젯은 블로그 화면에 걸어놓는 다양한 배너들이다. 네이버에서 기본적으로 제공하는 위젯 도구를 활용해도 좋고, 본인이 원하는 위젯을 직접 등록할 수도 있다. 필자는 출간도서 구매 링크와 인스타그램, 페이스북 페이지 주소를 위젯으로 걸어두었다. 랜딩페이지로 유도해 구매전환율을 높이는 용도로도 쓸 수 있다.

이런 기본 구성은 블로그 '관리'에 들어가 자유롭게 바꿀 수 있다. 이 밖에도 다양한 설정을 변경할 수 있어 블로그를 운영하고 있다면 관리 메뉴를 잘 활용해야 한다.

관리 메뉴에는 '기본 설정' '꾸미기 설정' '메뉴·글·동영상 관리' '내 블로그 통계' 총 네 가지의 메뉴가 있다. 기본 설정에서는 프로필, 주소, 콘텐츠 공유 설정 등을 변경할 수 있고, 꾸미기 설정에서는 블로그 디자인을 바꿀 수 있다. 메뉴·글·동영상 관리는 게시판이 모인 카테고리를 만들거나 바꾸는 등 콘텐츠와 관련된 설정을 바꾸는 메뉴이며, 내 블로그 통계는 방문자 수 등 유입된 이용자의 통계를 확인할 수 있는 메뉴다.

블로그 상위노출 노하우

인기 드라마 〈미스터 션샤인〉이 방영될 당시 사람들이 가장 많이 찾는 키워드는 두 주연배우의 이름인 '이병헌' '김태리'였다. 마찬가지로 검색창에 '짜장면'을 검색하면 그다음으로 가장 많이 나오는 키워드가 '백종원 짜장면' '짬뽕' 등의 단어다. 이처럼 특정 인물, 사물, 현상 등을 검색했을 때 그와 관련되어 나열되는 키워드를 연관검색어라고 부른다. 우리가 블로그를 운영하는 이유는 콘텐츠를 네이버에 최대한 많이 노출시키기 위해서다. 만일 당신의 블로그 게시물이 연관검색어를 통해 많은 대중에게 노출된다면 자연스럽게 매출도 성장할 것이다.

연관검색어는 고정불변의 존재가 아니다. 예를 들어 백종원 대표

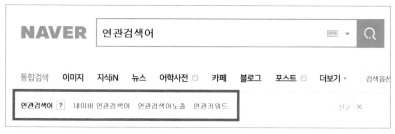

▲ 연관검색어는 통합검색 화면 하단에 노출된다.

가 인기를 끌기 전에는 '짜장면'을 검색해도 '백종원 짜장면'이 연관검색어에 노출되는 일이 없었다. 이처럼 연관검색어는 여러 변수에 따라 시간이 흐르면 자연스럽게 변하는데, 만일 이 일정한 패턴을 파악한다면 유리한 고지를 점령할 수 있을 것이다. 연관검색어는 이용자들이 특정 단어를 검색한 후 그와 관련된 다른 검색어를 추가로 검색하면 그 데이터가 모여 만들어진다.

사람들의 시선은 보통 위에서 아래로 향하고, 왼쪽에서 오른쪽으로 향하므로 검색 시 자동 완성 기능으로 노출되는 연관검색어 영역은 생각보다 쉽게 눈에 띈다. 그만큼 훌륭한 마케팅 영역이 될 수 있기 때문에 많은 마케팅 대행업체들이 적게는 수십만 원에서 많게는 수백만 원의 비용을 받아 특정 연관검색어를 만들어주는 작업을 하곤 한다. 실제로 얼마 전 불법 프로그램으로 연관검색어를 조작한 업체가 적발되었다는 뉴스를 본 적이 있다. 이렇게 불법 프로그램을 통한 연관검색어 조작은 법의 제재를 받을 수 있지만, 유저들의 검색을 유도해 자연스럽게 만들어진 연관검색어는 전혀 문제가 되지 않는다.

따라하면 매출이 따라오는 SNS 마케팅

연관검색어의
패턴을 파악하자

그럼 연관검색어는 어떻게 만들어지는지 그 패턴을 알아보자. 우선 잠재고객이 찾아오게 하기 위한 키워드부터 알고 있어야 한다. 예를 들어 SNS 마케팅 강연을 하고 있는 필자의 경우 'SNS 마케팅 교육' '블로그 교육' '페이스북 교육' '인스타그램 교육' '유튜브 교육' 등의 키워드로 잠재고객을 유입시켜야 한다. 관련 키워드를 검색했을 때 연관검색어에 필자의 이름인 '임성빈'이나 회사의 이름인 '한국SNS마케팅연구소'라는 단어가 떠야 한다고 가정해보자. 검색창에 '인스타그램 교육'을 친 후 다시 검색창에 '한국SNS마케팅연구소'를 친 이용자가 늘어나면 된다. 이렇게 다수의 이용자가 필자의 이름이나 회사명을 검색하게 되면 어느 순간 연관검색어에 추가되어 나타나는 것을 볼 수 있다.

▲ 필자의 회사 이름이 상위노출된 화면

이런 작업을 사람이 아닌 기계가 인위적으로 하면 네이버가 눈치채지 못할 리 없을 것이다. 과거엔 이렇게 연관검색어를 임의로 쉽게 만들 수 있었는데 최근에는 그 작업이 점차 어려워지고 있다. 아마도 네이버 측에서 이러한 로직을 이용하는 업체들의 행위를 막고자 새로운 알고리즘을 적용한 것 같다. 그러나 '마케팅' 'SNS'와 같은 큰 키워드가 아닌 'SNS 마케팅 교육' 'SNS 마케팅'과 같은 세부 키워드는 아직도 연관검색어를 만들기가 비교적 쉽다. 예를 들어 자신이 작은 여행사를 운영하고 있다면 '여행'이란 키워드에 연관검색어를 만들기가 쉽지 않을 것이다. 하지만 '세부 배낭여행' '남미 배낭여행' 등 세부 키워드에 자신의 업체명을 추가하는 일은 그리 어렵지 않다.

블로그 상위노출, 어떻게 접근해야 할까?

블로그 마케팅 강연을 하다 보면 이런 질문을 자주 받는다. "경쟁이 치열한 키워드는 인플루언서나 블로그지수가 높은 블로거가 이미 상위노출을 장악하고 있는데, 우리 같은 작은 사업체가 이제 와서 무엇을 할 수 있을까요?" 이처럼 경쟁자들이 무서워 지레 겁을 먹는 초보 블로거들이 많다. 실제로 전국의 모든 맛집, 의류 등 유명한 대표 키워드는 이미 다른 블로그가 다 상위노출을 확보하고 있다. 그 경쟁에 끼어들어 아무리 많은 글을 써봤자 상위노출은커녕 조회수가 손가락에 꼽을 정도니 의욕이 떨어질 수밖에 없다. 예비 창업자, 소상공인, 중소기업이 블로그 마케팅을 배워도 도중에 포기하는 이유가 바로 여기에 있다. 그러나 당장 효과를 보지 못한다고 해서 포기하면 안 된다. 당장 빠르게 효과를 볼 수 있는 방법은 유료광고밖에 없다. 적은 비용으로 큰 효과를 보고 싶다면 어느 정도 시간과 공을 들여야 한다. 경쟁자들이 앞서가는 이유는 매출을 올리기 위해 하루 장사를 끝내고 잠을 줄여가며 블로그 마케팅에 열과 성을 다했기 때문이다.

단기간에 '강남 맛집' '홍대 맛집' '홍대 옷가게' 등 경쟁이 심한 키워드에서 상위노출을 꿈꾸는 건 언감생심이다. 그래서 단기간에 효과가 없다는 이유로 자신의 블로그는 내팽개치고 유료 체험단을 운영하거나 마케팅 대행업체를 찾는 사업자들이 많다. 하지만 그 비용이 만만찮아 매출이 적은 사업자는 쉽게 할 수 있는 방법이 아니다. 그렇다면 정말 1인 사업자나 소상공인의 블로그 콘텐츠가 상위노출되는 일은 불가능한 것일까? 아니다. 약간의 노하우를 알고 꾸준히 노력하면 누구나 성과를 거둘 수 있다.

자신의 블로그 콘텐츠가 상위노출되기 위해서는 검색엔진최적화(SEO)를 염두에 두고 포스팅 해야 한다. 검색엔진최적화란 검색엔진에서 검색이 잘 되도록 하는 작업으로, 블로그 콘텐츠도 결국 네이버 검색결과의 일부를 차지하기 때문에 이 부분을 신경 쓰면 보다 자주 노출되는 효과를 누릴 수 있다. 이러한 관점에서 블로거는 '포스트지수'와 '블로그지수' 두 가지를 신경 써야 한다. 검색엔진최적화는 포스트지수와 블로그지수가 합쳐져 점수가 매겨진다.

포스트지수 + 블로그지수 = 검색엔진최적화

포스트지수는 발행된 글에 매겨진 점수로 개별 콘텐츠의 내용이 얼마나 충실한지 지수화한 개념이며, 블로그지수는 블로그 전체 운영에 관한 점수다. 사실 이러한 지수를 어떻게 계산하는지는 네이버에서 공식적으로 공개하지 않았다. 마케터들의 조사와 네이버에서 선정한 인플루언서, 지금은 없어진 파워블로그의 사례를 종합해 대략적으로 가늠할 따름이다. 검색엔진최적화를 위해서는 콘텐츠를 만들 때 다음의 사항들을 명심해야 한다.

1. 제목, 본문, 태그에 관련 키워드를 반드시 입력한다.
2. 사진, 텍스트를 충분히 넣고 가능하다면 동영상도 함께 활용한다.
3. 정기적으로 꾸준하게 포스팅을 한다.
4. 키워드를 과도하게 도배하지 않는다.
5. 이전에 발행한 콘텐츠나 남의 콘텐츠를 짜깁기하지 않는다.

이 다섯 가지는 그야말로 기본이다. 기본에만 충실해도 저품질 블로그(콘텐츠가 네이버에 잘 노출되지 않는 블로그)가 되는 일을 예방할 수 있다. 하지만 생각보다 많은 초보 블로거들이 기본을 지키지 않아 곤경에 처하곤 한다. 애써 포스팅을 했는데 조회수도 나오지 않고 댓글도 없으면 의욕이 꺾일 것이다.

블로그의 뜻을 되짚어보자. 블로그는(blog)는 웹(web)과 로그(log)가 결합되어 생겨난 합성어로 '웹에 쓰는 일기장'이라는 의미가 있다. 블로그는 결국 개인적인 일기를 적는 공간이자 내 생각을 남들이 검색해볼 수 있는 공유된 공간이다. 당연히 남들이 볼 때 좋은 정보가 많이 포함되어 있어야 하고, 사람들의 공감을 불러일으킬 수 있는 내용이 많아야 좋은 반응을 불러일으킬 수 있다. 여기서 공감이란 판매자인 내 입장이 아닌 글을 보러 들어온 소비자가 느끼는 공감을 의미한다. 공감을 유발하는 콘텐츠를 만든다면 당연히 상위노출도 쉬울 것이다. 그러나 말이 쉽지 공감을 불러일으키는 콘텐츠를 만들기가 녹록하지 않다.

네이버 블로그의 경우 글의 내용에 따라 순위가 매겨지는 시스템이다. 블로그를 운영한 기간 역시 상위노출 여부를 결정하는 요소에 포함되며, 콘텐츠에 따라 PC와 모바일에서의 순위가 다 다르다. 자칫 저품질 블로그라도 되면 운영하는 내내 스트레스를 받기 때문에 SNS 중에서 블로그 운영이 가장 어렵게 느껴지기도 한다. 그러나 규모가 크고 영향력 있는 블로거들 역시 처음에는 다 초보자였다. 물론 어떤 부분에서는 우리보다 훨씬 유리한 환경에서 블로그를 운영했을 수도 있지만, 지레 겁을 먹고 합리화하며 블로그 마케팅을 포기해서는 안 된다. 진심에서 우러나는 진정성 있는 콘텐츠를 꾸준히 만든다면 누구나 상위노출을 노릴 수 있다.

스마트플레이스도 놓치지 말자

네이버에서 특정 위치나 업체를 찾기 위해 이용자들이 가장 많이 찾는 영역이 바로 지도다. 지도 검색은 지금은 스마트플레이스라는 이름으로 운영되고 있는데, 미용실이나 펜션 등 오프라인 매장을 운영하는 사업자라면 특히 신경 써야 하는 메뉴다.

▲ 네이버 스마트플레이스 홈페이지 화면

네이버 스마트플레이스 사이트(smartplace.naver.com)에 들어가 '신규 등록'을 누르면 누구나 쉽게 업체를 등록할 수 있다. 그러나 등록한다고 해서 상위노출이 보장되는 것은 아니다. 대행업체에 스마트플레이스 상위노출을 맡기는 방법도 있지만 비용이 만만치 않기 때문에 추천하지는 않는다. 꼭 그렇게 비싼 비용을 들이지 않아도 약간의 노하우만 있으면 누구나 상위노출을 노릴 수 있다.

스마트플레이스는 이용자의 위치를 기반으로 검색되는 구조다. 즉자기 주변을 중심으로 업체가 검색되며, 타 지역에 위치한 업체는 살고 있는 지역의 스마트플레이스에서 상위노출되지 않는다. 스마트플레이스 또한 블로그와 마찬가지로 이용자들의 트래픽과 리뷰가 매우 중요하다. 무엇보다 업종의 카테고리가 일치해야 앞 페이지에 노출될 수 있다. 자신의 업종을 검색한 후 앞 페이지에 있는 업체들의 카테고리를 참고하기 바란다. 또한 방문자들이 포스팅한 리뷰 콘텐츠를 가져오게 설정하면 리뷰 수가 늘어날수록 상위노출될 확률도 높아진다. 스

음식종류 ∨   분위기 ∨

• 리뷰많은   🅷 예약

A 퍼블리크 베이커리
동네빵집 이라기엔 넘나 맛…
샌드위치 롤케이크 브런치
★4.43 방문자 리뷰 233

B 죽이야기 광흥창역점 죽
서울 마포구 독막로 172 2층
지번 구수동 55 2층
★4.57 방문자 리뷰 27

C 스타벅스 서강광흥창역점
N Pay ➕ N 스마트주문
서울 마포구 서강로 69
지번 창전동 130
★4.48 방문자 리뷰 634

D 가마로닭강정 광흥창점
🛵 배달
서울 마포구 서강로 55
지번 창전동 444
★4.36 방문자 리뷰 137

E 투썸플레이스 광흥창역점
카페
서울 마포구 독막로 145 서강
쌍용예가 상가 1층. 2층 투썸
★4.49 방문자 리뷰 131

F 응급실국물떡볶이 서울광
흥창역점 🛵 배달
서울 마포구 신수로 28 1층
지번 현석동 47 1층
★4.44 방문자 리뷰 94

1/6   ＞

▲ '광흥창 맛집'으로 검색 시 스마트플레이스에 노출되는 업체들

마트플레이스는 아직까지 블로그에 비해 경쟁률이 높지 않아 조금만 관리해주면 비교적 상위노출이 쉽다.

감이 잘 오지 않는다면 스마트플레이스 상위에 노출되는 업체들의 카테고리와 리뷰 수를 참고해 따라해보기 바란다. 그렇게 따라했는데 앞 페이지에 노출되지 않는다면 그때부터는 별점, 리뷰, 예약 등의 부가 서비스 참여율을 높여야 한다. 스마트플레이스를 통해 전화가 자주 온다면 그만큼 잠재고객에게 노출이 잘 되고 있다는 의미다.

검색은 고객의
질문이다

소비자들이 당신의 제품을, 서비스를, 회사를 알기 위해 어떤 검색어를 입력하는지 늘 유의하기 바란다. 판매자인 당신도 누군가의 고객이다. 스스로 필요한 재화를 찾을 때 어떤 검색어를 입력하는지 되짚어보자. 강원도로 여행을 가고 싶다면 검색창에 '강원도 펜션'을 칠 것이고, 커플이라면 '강원도 커플 여행지'를 검색하지 않을까? 스파가 있는 펜션을 원한다면 '강원도 스파 펜션'과 같은 검색어를 입력할 것이고, 가족이 함께 간다면 '강원도 가족 펜션'과 같은 키워드를 입력할 것이다.

누군가는 질문을 할 수도 있다. 만일 당신이 전기장판 사업을 하고 있다고 가정해보자. 누군가 실시간으로 '전기장판 뭐가 좋을까요?'라고 블로그 게시물이나 지식인에 관련 질문을 올린다면 최대한 빨리 성실하게 답변을 달아야 한다. 질문을 올린 사람뿐만 아니라 우연히 지나가던 잠재고객까지 당신의 답변을 통해 유입될 것이다. 그뿐만 아니라 최대한 다양한 영역에 당신의 콘텐츠가 노출될 수 있도록 블로그를 운영해야 한다. 이것이 바로 블로그 마케팅의 핵심이다.

여기서 주의할 점이 있다. 보통 판매자의 시선은 넓거나 깊지 않다. 자신의 관점에서만 보고 판매자의 입장에서 모든 것을 결정하고 판단하는 경향이 있다. 그러나 소비자들은 판매자와 다른 행동을 한다. 판매자는 오로지 자신의 제품이 검색되기 위해 노력하지만, 소비자는 상위에 노출되었다고 해서 반드시 그 제품을 사지는 않는다. 소비자는 판매자의 입장은 전혀 고려하지 않고 오로지 자신의 필요에 의해서만 행동한다. 이 점을 망각하고 상위노출되기 위해서만 블로그를 운영해서는 안 된다.

만약에 당신이라면 원하는 제품이나 서비스를 찾기 위해 네이버 검색창에 어떤 질문을 할 것인가? 이 부분부터 고민해보자. 어릴 적 필자의 어머니는 집에 나오는 쥐를 잡기 위해 늘 쥐가 나올 만한 곳에 쥐덫을 놓으셨다. 여기서 중요한 포인트는 어머니께서 쥐가 '나오지 않았으면 좋겠다고 생각한 곳'이 아니라 쥐가 '나올 만한 곳'에 쥐덫을 설치했다는 점이다. 고객이 질문할 만한 내용을 미리 파악한 후 그 답변과 관련된 콘텐츠를 만들어 발행하면 된다. 고객의 질문을 모아 콘텐츠를 만들어 소통하거나, Q&A 자료를 만들어 소비자에게 배포하거나, 제품을 배송할 때 첨부해 보내는 것도 좋은 방법이다.

어떤 SNS를 운영하든 핵심은 고객이 찾는 키워드를 찾아내고 게시물에 달린 댓글이나 질문을 분석해 고객의 니즈를 파악하는 것이다. 이러한 작업을 꾸준히 하지 않으면 언제 고객을 경쟁업체에게 빼앗길지 모른다. 검색은 고객의 질문이다. 그 모든 것에 대답할 준비만 해놓으면 단골의 숫자는 빠르게 늘어날 것이다. 고객의 생각을 파악하는 일을 게을리하지 말자. 고객은 늘 움직이고 언제든 다른 곳으로 갈 준비가 되어 있다.

핵심은 키워드다

SECTION 03

키워드란 데이터를 검색할 때 특정한 내용이 들어 있는 정보를 찾기 위해 사용하는 단어를 의미한다. 포털사이트의 이용자들은 대부분 자신의 현재 입장을 반영한 키워드를 검색에 활용한다. 예를 들어 3월에는 채용과 관련된 키워드의 검색량이 많은데, 이를 통해 기업들의 신입사원 채용이 집중되는 시기임을 알 수 있다. 또한 3월은 운동하기 좋은 봄이어서 운동화 키워드가 상위권을 차지하고 있으며, 미세먼지를 막아주는 공기청정기와 같은 키워드도 많이 검색된다. 이렇게 키워드 현황을 파악하면 해당 시기에 어떤 제품과 서비스가 인기를 끌지 짐작할 수 있게 된다. 신입사원에게 필요한 물품들, 즉 양복과 넥타이 등을 다루는 업체라면 이 시기에 집중적으로 SNS 마케팅을 펼

따라하면 매출이 따라오는 SNS 마케팅

처 고객의 발길을 돌려야 할 것이다.

만일 자신의 타깃이 취준생이나 신입사원이라면 '내가 취준생이라면 어떤 키워드를 검색할까?' '내가 신입사원이라면 무엇이 필요할까?' 곰곰이 생각해보자. 예를 들어 '신입사원에게 어울리는 양복 코디' '신입사원에게 딱 맞는 백팩 스타일' '단정해 보이는 면접 코디' 등의 키워드가 자주 검색된다고 가정해보자. 그렇다면 이러한 질문(키워드)에 대한 답변을 어디에 노출시켜야 할까? 기본적으로 검색엔진에서 잘 검색될 수 있도록 파워링크 광고와 블로그에 콘텐츠를 노출시켜야 한다. 지식인, 취업 관련 카페 등에도 우선적으로 광고를 노출시켜야 하며, 타깃 고객의 연령이 대체로 20대 중후반이므로 그들이 자주 이용하는 페이스북 등의 SNS에도 광고를 올리면 좋다. 이처럼 키워드를 알면 잠재고객의 니즈를 파악하기 용이해 효과적으로 광고를 할 수 있다. 결국 핵심은 키워드란 이야기다.

예를 들어 유럽 여행이 목적인 사람이라면 '유럽 여행'이라는 키워드로 검색할 것이다. 자신이 여행사를 운영하고 있다면 당연히 이들을 포섭해 고객으로 만들어야 한다. 키워드를 좀 더 세분화하면 보다 큰 효과를 볼 수 있다. 블로그 영역에서 '유럽 여행' 키워드로 검색을 해보았다. '유럽 여행'이라는 핵심 키워드뿐만 아니라 '나홀로 유럽 여행' '환승 시 참고' '포스트 코로나 시대 유럽 여행' 등 다양한 세부 키워드들이 눈에 띈다. 해당 블로거들의 글이 상위노출된 이유는 이처럼 사람들이 궁금해할 만한 세부 키워드를 추가로 곁들인 콘텐츠를 발행했기 때문이다.

유럽 내에서도 특정 국가를 찾는다면 '300만 원으로 여행 가능한

블로그 1-10 / 1,345,706건

나홀로 **유럽여행** : 프랑스 리옹 오뛰흐(Hauteurs) 공원과 리옹... 3일 전
여행 중 왔다갔다하는 감정기복들 다스리는 것은 혼자 감당해야할 일이었다. 하늘을 가득 채
운 뿌연 구름들 아래로 리옹 전경이 내려다 보였다. **유럽 여행**을 처음...
지구별 여행자 coreabis.blog.me/222079885721   블로그 내 검색

아부다비 공항 면세점부터 공항정보까지 **유럽여행** 환승시 참고 2시간 전
실제로 너무 편하게 잘 다녀왔고 개인적으론 한번 다녀와보니까 두바이나 아부다비 같은 곳은
자유여행보다는 2~3일 정도 다녀오거나 혹은 **유럽여행** 갈 때 최근 중동게...
It's Travel Time, ... blog.naver.com/saladin324/222082223107   블로그 내 검색

체코 프라하 블타바강 **유럽 여행** 코로나 확진자 줄면 한달살기... 2020.08.30.
위한 **유럽 여행** 다시 떠날 수 있을까요? 다들 언젠가 다시 해외도 나갈 수 있겠다... 해외여행
이 가능한 항공권을 구매한다고 해도 유럽 코로나 확진자 숫자가 많다면...
제주왕자 blog.naver.com/jeiu8253/222075296811   블로그 내 검색

첫 **유럽여행**의 기억 - 핀란드 헬싱키, 포르투갈, 스페인 2020.08.30.
내 여행의 시작은 2014년 첫 **유럽 여행**에서부터였다. 그 당시 스페인 들어가는... 게다가 나
중에 여러 나라를 가본 뒤에 알게된 것이 있다면 핀란드는 다른 유럽이랑...
ChoCho's Memory blog.naver.com/specialad/222074774510   블로그 내 검색

유럽여행 MSC CRUISE 그란디오사호 야외 수영장 및... 7일 전
1월이라 유럽기후로는 겨울!! 겨울 크루즈라 프랑스에서 탔을 때는 마침 비도 오고... 이어서
작성해볼게요!! **유럽여행**으로 크루즈여행 해보시면 정말 재미있답니다~ ㅎㅎ
진도르프 프리즘 cruiserlaw.blog.me/222076203036   블로그 내 검색

▲ 블로그 영역에서 '유럽 여행' 키워드로 검색한 화면

유럽 국가'를 찾는 사람도 있을 것이고, 이 밖에도 '7박 8일 프랑스 여행비용' '3월에 여행 가기 좋은 유럽 국가' 등 다양한 질문들이 나올 수 있다. 같은 여행사여도 저렴한 여행상품을 주로 취급하는 여행사라면 젊은 대학생, 사회초년생을 대상으로 콘텐츠를 만들어 타깃 고객을 공략해야 한다. 이러한 여행사는 '저렴한 비용으로 유럽 여행을 즐기는 방법' '물가가 저렴한 유럽 여행지' 등의 콘텐츠를 블로그에 올려 잠재 고객을 확보해야 할 것이다. 반대로 고가의 고급 휴양지 여행상품을 주로 취급한다면 '유럽 최고의 휴양지' '남미 럭셔리 휴양지' 등의 콘텐츠를 집중적으로 포스팅할 필요가 있다.

따라하면 매출이 따라오는 SNS 마케팅

키워드를
찾는 방법

네이버에서 자주 검색되는 키워드를 간단히 찾을 수 있는 방법이 있다. 바로 네이버가 운영하는 네이버 광고 사이트(searchad.naver.com)를 이용하는 것이다.

네이버 광고 사이트에 접속해 로그인을 하면 누구나 쉽게 광고시스템을 이용할 수 있다. 블로그 콘텐츠를 올릴 때 가장 중요한 것은 키워드에 대한 인식이다. 선호되는 키워드는 성별마다 다르고, 연령별로 다르며, 시기별로도 다르다. 그만큼 변수가 많다는 뜻이다. 네이버 광고의 광고시스템을 활용하는 이유는 이러한 변수를 최대한 줄여 핵심이 되는 키워드를 찾아내기 위해서다.

네이버 광고 홈페이지에서 로그인해 메인화면에 접속한다. 상단에 있는 '도구' 메뉴에서 '키워드 도구'를 클릭한다. 그러면 연관키워드 데

▲ 네이버 광고 사이트 화면

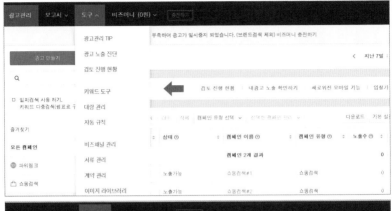

▲ 광고시스템 메인화면(위)에서 '키워드 도구'를 누르면 연관키워드 데이터를 확인할 수 있는 화면
(아래)이 나온다.

이터를 확인할 수 있는 화면이 나온다. 키워드를 입력하는 곳에 최대
5개 단어를 입력할 수 있으며, 필터를 통해 웹사이트별, 월별, 업종별
검색이 가능하다.

필자는 이곳에 '유럽 여행' '저가' 키워드 두 가지를 입력해보았다.
그러자 '스페인 유심' '프랑스 유심' '유럽 세미 패키지' 등 연관키워드
데이터가 하단에 쭉 나열되었다. 조회 결과는 '월간검색수' '월평균클

따라하면 매출이 따라오는 SNS 마케팅

릭수' '월평균클릭률'로 다시 정렬해 볼 수 있다. 이 밖에도 '경쟁정도'를 통해 해당 키워드의 경쟁률이 높은지 낮은지도 확인할 수 있다. 경쟁률이 높다는 건 그만큼 해당 키워드로 콘텐츠가 많이 발행되고 있다는 뜻이다. 이렇게 네이버 광고시스템을 통해 유입률이 높은 키워드를 찾아 활용한다면 보다 효율적으로 블로그를 운영할 수 있다.

키워드가 독창적일 필요는 없다

꼭 경쟁률이 낮은 키워드만 고집할 필요는 없다. 물론 경쟁률이 낮으면 해당 키워드로 검색 시 상위노출될 확률이 높아지는 것은 사실이다. 하지만 대개 고객들은 상상을 초월한 검색어를 사용하지 않는다. 일반적이고 평범한 키워드로 검색을 하는 경우가 많기 때문에 경쟁률이 낮다는 이유로 잘 유입되지 않는 독창적인 키워드를 고집할 필요는 없다.

앞서 필자가 쥐가 나올 만한 구멍에 쥐덫을 설치해야 한다고 강조했던 이유가 여기에 있다. 잠재고객이 이동할 만한 루트를 알아내 그곳에 콘텐츠를 노출시켜야 한다. 성별에 따라, 연령에 따라, 생활습관 등에 따라 선호하는 키워드가 다르기 때문에 연구하고 또 연구해야 한다. 예를 들어 자신의 제품과 서비스를 이용하는 주 고객층이 30대라면, 30대의 관심사와 그들이 사용하는 언어 등을 파악해야 한다. 우리 사회에서 30대가 어떤 위치에 있으며 어떤 공감대를 형성하고 있는

가를 파악해 그들의 감성을 건드릴 수 있는 콘텐츠를 준비해야만 효과적인 SNS 마케팅이 가능하다.

참고로 잠재고객의 선호 키워드 동향을 꿰고 있으면 적은 비용으로도 큰 광고 효과를 볼 수 있다. 네이버 광고시스템에서 유료 키워드 광고의 집행이 가능한데, 키워드를 잘 알면 가성비가 좋은 광고를 할 수 있다. 예를 들어 검색량은 많은데 구매전환율이 높지 않은 키워드로 광고를 집행하면 매출은 나오지 않는데 광고비만 기하급수적으로 올라가는 현상이 벌어진다. 또한 광고하는 사람은 많은데 검색량이 적은 키워드도 수요가 적어 좋지 않다. 반면 잠재고객이 잘 유입되고, 구매전환율까지 높은 키워드로 광고를 집행하면 매출이 오를 확률이 높아지게 된다. 늘 예민하게 키워드 동향을 파악해야 하는 이유다.

알고리즘을 공략하라

많은 사람들이 네이버 블로그 운영에 애를 먹는 이유는 베일에 가려진 알고리즘 때문이다. 블로그는 크게 '수집' '색인' '검색' 세 가지 순서에 의해 이용자들에게 검색되는 구조다. 이 세 가지 과정을 거쳐 포털사이트에 노출되고 잠재고객이 유입된다. 포스팅된 글을 전부 모으는 작업이 수집이며, 수집된 글 중 문서의 성격에 따라 키워드로 구분해 골라내는 작업이 색인이다. 이렇게 색인된 글 중 좋은 문서와 덜 좋은 문서, 그리고 나쁜 문서로 나눠 순위별로 노출되어 나타나는 것이 검색이다. 여기서 가장 중요하고 문제가 되는 것이 바로 검색 영역이다.

네이버 알고리즘의
과거와 현재

검색에는 순위라는 게 존재한다. 특정 키워드를 검색했을 때 통합 검색 제일 앞에 노출된다면 유입이 많아질 것이고, 다음 페이지로 넘어가 노출된다면 당연히 유입이 줄어들 것이다. 그래서 마케팅 대행업체에서는 전문가를 투입해 상위노출을 장악한다. 상위노출에 트래픽이 중요하다고 여겨지면 트래픽을 올리는 프로그램을 쓰거나, 블로그 지수가 높은 체험단을 활용하는 등의 전략을 쓴다. 이런 이유로 소상공인, 중소기업은 사업을 위해 블로그를 시작해도 상위노출을 노리기가 쉽지 않다.

사람이 많이 모이는 곳에는 언제나 편법이 존재한다. 블로그 마케팅 시장에도 순위를 조작하는 프로그램으로 편법을 쓰는 나쁜 사람들이 있다. 정상적으로 순위가 매겨져 차례대로 콘텐츠가 노출되어야 하는데, 일부 편법을 쓰는 사람들로 인해 시장이 혼탁해져 선의의 피해자가 생긴다.

네이버는 그런 행위를 하는 이들을 찾아 불이익을 주기 위한 노력을 계속하고 있다. 그 노력의 일환으로 알고리즘 업그레이드를 거듭한다. 블로그 초창기에는 필자도 경험했던 리브라(libra) 알고리즘이 적용되었다. 이는 블로그 상위노출 패턴이 블로거들에 의해 분석되자 그 패턴을 막기 위해 네이버가 적용한 알고리즘으로, 당시 상위노출 패턴은 다음과 같았다.

따라하면 매출이 따라오는 SNS 마케팅

네이버 알고리즘의 변화

리브라 ➡ 소나 ➡ C-RANK

어뷰징 방지　　　　원본 우대　　　　전문 분야 중시

1. 제목을 쓸 때 대표 키워드를 앞에 쓴다. 대표 키워드 뒤엔 제품의 특징 을 쓰고, 특징 뒤에는 '노하우'나 '방법'을 쓴다. 그리고 그 뒤에는 숫자를 넣는다.

2. 본문을 시작할 때는 반드시 첫 줄에 제목을 한 번 더 써주고, 다음 문장 첫 줄에 다시 대표 키워드를 넣는다. 이렇게 한 단락에 대표 키워드를 3~4번 넣어 총 14번 이상 넣는다.

3. 각 단락 사이에 사진을 넣는다. 사진의 수는 18장 정도로 맞춘다.

초창기에는 이 세 가지 패턴만 지키면 거의 모든 글이 상위노출되 었다. 해당 로직을 파악한 마케팅 대행업체들은 떼돈을 벌었고, 네이버 는 이러한 꼼수를 막기 위해 2012년 12월 4일 리브라 알고리즘을 발 표했다. 리브라 알고리즘은 양질의 콘텐츠를 찾아내기 위한 정교화된 알고리즘으로, 좋은 콘텐츠는 살리고 나쁜 콘텐츠 걸러내는 역할을 했다. 본문 내에 대표 키워드가 10번 나온다고 해서 5번 나온 글보다 무조건 좋은 콘텐츠일까? 아니다. 당연히 콘텐츠의 내용이 더 중요하

다. 리브라 알고리즘은 보다 정교화된 기준으로 글의 퀄리틸를 판별해
냈다.

그다음에는 소나(sonar) 알고리즘이 적용되었다. 소나는 "네이버 서
버에 축적되어 있는 많은 문서들 가운데 도대체 어떤 게 원본일까?"라
는 데 초점을 맞춘 알고리즘이다. 즉 원본인 문서를 보호하기 위한 정
책이다. 원본 문서를 유사하게 재편집해 발행한 콘텐츠가 원본 문서보
다 자주 노출되는 것을 방지하기 위한 알고리즘으로, 문서의 원본자를
보다 우대하기 위해 만들어졌다. 창작자를 존중하고, 남이 힘들게 연
구하고 만들어낸 콘텐츠를 도용한 사람들이 우월적 지위를 누리는 것
을 방지했다. 예를 들어 두 가지의 유사한 문서가 있다면 소나 알고리
즘은 그중 원본과 재가공된 문서를 판별해 상위노출 순위를 조정한다.
리브라 알고리즘이 순위 조작을 방지하기 위한 정책이었다면, 소나 알
고리즘은 유사 문서를 찾아내 불이익을 주는 정책이라고 생각하면 이
해가 쉬울 것이다.

그다음에 나온 알고리즘이 지금 적용되고 있는 C-RANK 알고리
즘과 D.I.A 로직이다. C-RANK 알고리즘은 검색 랭킹의 정확도를 높
이기 위해 사용되는 기술로, 문서 자체보다 해당 문서의 출처인 블로
그의 신뢰도를 중시해 평가하는 알고리즘이다. 즉 콘텐츠의 내용뿐
만 아니라 해당 콘텐츠를 포스팅하는 블로거의 신뢰도를 함께 평가해
평판을 매기는 것이다. 오랫동안 특정한 주제의 글을 쓴 블로그라면
C-RANK 알고리즘이 전문성에 높은 점수를 매겨 상위노출될 확률이
올라가게 된다.

C-RANK 알고리즘은 해당 블로그에서 특정 주제에 관련된 양질의

콘텐츠를 얼마나 집중해서 발행해왔는지를 고려해 신뢰도를 계산한다. 물론 C-RANK에도 결점은 있다. 운영 기간에 대한 점수가 높아 가끔은 좋지 않은 내용의 글이 우선적으로 노출될 때도 있기 때문이다. 이후 C-RANK의 단점을 보완하기 위해 만들어진 정책이 D.I.A 로직이다. DIA 로직은 오로지 문서의 퀄리티에 초점을 맞춘 알고리즘으로, 내용이 뛰어난 문서를 찾아내 검색에 잘 노출될 수 있도록 도와준다.

좋든 싫든 국내에서 가장 큰 마케팅 플랫폼은 네이버다. 리브라 알고리즘, 소나 알고리즘, C-RANK 알고리즘, D.I.A 로직에는 양질의 콘텐츠를 더 많이 노출하려는 네이버의 의도가 담겨 있다. 이후 다른 알고리즘이 발표되더라도 그 방향성은 분명 동일할 것이다.

블로그 마케팅,
시작이 중요하다

초보 블로거들의 글이 상위노출되기란 굉장히 어렵다. 이미 알고리즘을 파고들어 상위노출을 장악하고 있는 집단이 있는 것도 사실이다. 실제로 전문가들은 진입장벽이 높아 "상위노출은 하늘의 별 따기"라고 이야기하기도 한다. 물론 경쟁이 심하지 않은 키워드라면 어렵지 않겠지만 조금이라도 알려진 키워드에서 콘텐츠를 상위노출하기란 여간 힘든 일이 아니다. 초보 블로거의 입장에서 '맛집' '대출' '보험' '성형' '여행' '유학' '의류' 등 유입률이 높은 키워드는 사실상 상위노출이 불가능에 가깝다. 그렇다면 핵심 키워드에서 통합검색에 자주 노출되고, 상위 페이지에 콘텐츠가 노출되는 블로그들의 노하우는 대체 무엇일까?

　경쟁률이 가장 높은 키워드인 '맛집' '대출' '보험' 등을 검색해 1위부터 10위까지 상위노출된 블로그들을 분석해보았다. 그들의 공통점은 블로그 운영 기간이 길고, 한 분야의 전문가였다는 것이다. 블로그 운영 기간은 최소 3년 이상이었고, 10여 년가량 운영해온 경우가 대부분이었다. 블로거들의 면면을 살펴보니 직접 사업을 하면서 블로그를 운영하는 부류가 있었고, 제품을 받아 체험단 형식으로 블로그를 운영하는 부류도 있었다. 체험단이라고 해서 전문성이 없는 것도 아니다. 체험단 형식으로 블로그를 운영하는 이들도 대부분 그 분야에 종사하는 사람들이었다. 상위노출된 게시물은 글의 내용이 아주 정교하고 풍부했다.

　그럼 블로그 운영 기간이 짧고, 해당 분야의 전문가도 아니면 상위노출될 방법이 없는 것일까? 영향력 있는 인플루언서에게 홍보를 맡기거나, 체험단을 이용하는 방법밖에 없는 것일까? 아니다. 이미 경쟁자들이 상위노출을 장악하고 있기 때문에 상위노출이 불가능하다고 단언하는 사람들에게 필자는 "일단 블로그를 시작하는 게 중요하다."라고 조언해주곤 한다. 예비 창업자, 1인 사업자, 소상공인 등 누구나 블로그로 상위노출을 노릴 수 있다. 운영 기간이 짧고, 전문성이 부족하다고 콘텐츠가 꼭 뒷전으로 밀리는 것은 아니다. 처음에는 아예 검색되지 않을 수도 있고 게시물이 10페이지 밖으로 밀려날 수도 있지만, 꾸준히 포기하지 않고 블로그를 운영한 사업자들은 모두 다 성과를 이뤄냈다.

블로그 1-10 / 3,286,079건

윤곽주사의 업그레이드 버전, 레인보우 주사를 압구정 성형외과... 3일 전
저도 윤곽주사를 맞아야지 하다가 전문으로 하는 곳이 있다는 것을 찾아서 압구정 성형외과
를 방문했어요! 제가 간 압구정 성형외과이구요 전화 예약을 했어요...
언제나 소풍 dark172.blog.me/222081654221   블로그 내 검색

코성형 유형과 가격 후기로 2020.08.24.
코성형 유형과 가격 후기로 Previous image Next image 뜨거운 여름과 다르게 낮은 온도의...
여러 성형외과를 자세히 알아보게 되었어요. 자기가 원하는 만족스러운 이미지를...
♥♥-원진성형외과-♥♥ blog.naver.com/nymph...   블로그 내 검색   ▣ 약도 ▾

남자코성형 질환 동반 파악까지 어제
남자코성형에 있어 당연히 체크 해 봐야 하는 사항들을 살펴봤어요. 해당 부분에 대해 의료
진의 경험과 실력이 중요했어요. 해당 수술의 경우에는 다른 성형에 비해서...
더아이언성형외과의원 xoxoheroine.blog.me/...   블로그 내 검색   ▣ 약도 ▾

휜코성형 문제점을 확인한다면 2일 전
휜코성형 문제점을 확인한다면 주변을 확인해보게 되면 휜 코를 보유하고 있는... 휜코성형
이 필요했어요. 코는 예민한 부분이어서 성형을 생각하는 분들이라면...
삼성드림 삼성점 jdhan320.blog.me/222082391451   블로그 내 검색

소음순성형 달라진 결과 원한다면 6일 전
소음순성형 달라진 결과 원한다면 소음순성형을 고려할 때에는 비용이 저렴한지 체크하는
것보다 만족스러운 결과를 얻을 수 있나 확인하는 것이 중요했어요. 외면의...
◆로앤산부인과◆ avata0831.blog.me/22...   블로그 내 검색   ▣ 약도 ▾

▲ '성형' 키워드로 상위노출된 콘텐츠들

처음부터 '성형' 같은 핵심 키워드로 경쟁하기란 쉬운 일이 아니다. 우선 자신에게 필요한 키워드를 검색해본 후 과연 내가 제공할 수 있는 지식이나 정보가 경쟁력이 있는지 생각해볼 필요가 있다. 상위노출된 블로그의 운영 기간을 살펴보고, 글 작성은 일주일에 최소 몇 번을 하는지, 글의 수는 몇 개나 되는지, 내용은 얼마나 충실한지 분석해야 한다. 무엇보다 앞으로 자신이 해당 블로거처럼 꾸준히 블로그를 운영할 수 있는지 판단해야 한다. 그럴 자신이 있다면 분명 상위노출이 가능할 것이고, 그렇지 않다면 체험단이라도 운영해서 잠재고객을 끌어 모아야 한다.

사실 내가 판매하고 있는 제품에 대한 정보는 내가 가장 잘 알고 있다. 비용을 들이지 않고 그 정보를 꾸준히 활용해 잠재고객의 발길을 돌릴 수 있다면 하지 않을 이유가 없지 않은가? 물론 블로그 마케팅에 성공하려면 전제 조건이 있다. 오랫동안 꾸준히 좋은 정보를 진정성 있게 제공해야 한다는 점이다. 블로그를 시작하지도 않고, 매일 포스팅을 하지도 않고, 고객이 원할 만한 정보를 제공하지도 않고, 이웃과 열심히 소통하지 않으면서 성과가 없다고 불평해서는 안 된다. 시도도 해보지 않았으면서 체험단과 마케팅 대행업체들 때문에 자신의 글이 묻힌다고 불평만 하고 있지는 않은지 되돌아보자.

"3년 이상 운영한 블로그의 콘텐츠가 주로 상위노출된다면서요?"라고 반문하는 이도 있을 것이다. 3년 이내로 사업을 접을 생각이라면 블로그를 운영하지 않아도 좋다. 그러나 몇 년 뒤에 그만둘 생각으로 사업을 시작하는 이는 없을 것이다. 명심하자. 일단 시작하는 것이 중요하다. 블로그 운영을 포기한다는 건 당신의 잠재고객을 경쟁사에게 내주는 것과 마찬가지다.

C-RANK와
D.I.A 로직 공략법

C-RANK 알고리즘의 핵심은 블로그의 신뢰도와 인기도를 측정할 때 '특정 관심사에 대해 좋은 정보를 얼마나 깊이 있게' 콘텐츠에 담아냈는지를 중요하게 판단한다는 것이다. C-RANK는 네이버 통합검색

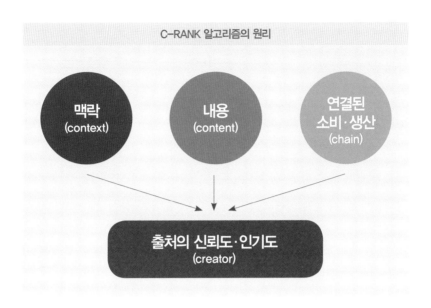

C-RANK 알고리즘의 원리

맥락
(context)

내용
(content)

연결된
소비·생산
(chain)

출처의 신뢰도·인기도
(creator)

영역과 블로그의 검색 영역에 별도로 적용되고 있다. 라이브 검색, 즉 통합검색 영역은 개인의 관심사를 기반으로 주제에 맞는 양질의 콘텐츠를 보여주기 위해 조회수, '좋아요', 댓글 등을 종합적으로 검토하며, 이용자와 연관된 정보(장소, 날씨, 시간 등)까지도 변수에 반영한다. 그런데 이러한 라이브 검색의 알고리즘을 일반 블로그 검색 영역에서까지 동일하게 적용한다면 모든 이용자를 만족시킬 수 없으므로 별도의 알고리즘을 적용하는 것이다.

C-RANK는 주제별 관심사의 집중도가 얼마나 되는지(context), 발행하고 있는 정보의 퀄리티가 얼마나 좋은지(content), 발행한 콘텐츠가 이용자들에게 어떤 반응을 불러일으켰고 공유되고 있는지(chain)를 파악한다. 그리고 이를 바탕으로 해당 블로그가 유저들에게 신뢰받고 있는지, 인기는 어느 정도인지(creator) 종합적으로 계산한다.

특히 한 주제를 얼마나 오랫동안 다루고 있는지가 큰 기준이 되는데, 다른 SNS와 달리 일상적인 글 여러 개보다는 전문성이 있는 글 하나가 오히려 더 점수를 받는다. 또한 단순히 홍보성 콘텐츠만 올리는 블로그보다는 직접적인 경험을 바탕으로 한 후기 게시물을 많이 올리는 블로그가 잘 노출된다. 해당 블로그에서 생산된 문서들의 주제 분포를 바탕으로 특정 주제에 대한 집중도가 어느 정도인지를 중요하게 반영하므로, 특정 주제에 대한 자신만의 콘텐츠가 늘어날수록 검색 결과에 더 잘 노출될 수 있다는 것을 명심하자.

D.I.A 로직은 앞서 말했듯이 출처의 신뢰도를 높이고 C-RANK 알고리즘의 부족한 점을 보완하기 위해 도입되었다. 문서 자체의 경험과 정보성을 분석해 랭킹에 반영하는 로직으로, 키워드별로 이용자들이 선호하는 문서들에 대한 점수를 랭킹에 반영하고 있다. 이렇게 말하면 좀 어렵게 느껴질 것이다. 쉽게 말해 이용자들은 자신과 비슷한 경험을 한 다른 사람의 정보를 더 신뢰하는 경향이 있기 때문에 그러한 점을 검색 결과에 반영한다는 뜻이다. 문서의 주제 적합도, 경험 정보, 정보의 충실함, 의도, 독창성, 적시성 등 여러 요인을 종합해 측정한다고 네이버는 말한다. 그런데 필자가 블로그를 운영한 경험에 의하면 D.I.A 로직은 C-RANK 알고리즘과 별도로 운영 기간보다는 포스트 내용이 얼마나 충실한지를 더 중시하는 것 같다.

C-RANK 알고리즘은 PC 영역 상위노출에 더 강하게 관여하고, D.I.A 로직은 모바일 영역 상위노출에 좀 더 유리하게 적용되는 것으로 보인다. 즉 모바일 'VIEW' 영역의 상위노출을 노린다면 포스트 내용이 풍부해야 한다. 만일 C-RANK 알고리즘에 최적화된 상태에서

따라하면 매출이 따라오는 SNS 마케팅

D.I.A 로직까지 만족시킨다면 PC와 모바일 영역의 상위노출을 모두 노릴 수 있을 것이다.

그리고 많은 사람들이 믿고 있는 '카더라'가 있다. 바로 포스팅 시 꼭 몇 개 이상의 사진이 들어가야 하고, 몇 글자 이상이 들어가야 최적화가 된다는 유언비어다. 알고리즘이 적용되지 않던 시절이라면 몰라도 지금은 사진이 1~2장만 들어가더라도 내용이 충실하면 얼마든지 상위노출이 될 수 있다. 이는 상위노출된 콘텐츠 몇 개만 살펴봐도 알 수 있는 사실이다. 사진은 글을 도와주는 보조 역할을 한다. 사진과 글자의 수보다는 집중도, 즉 어떤 분야에 대한 콘텐츠를 꾸준히 포스팅하면서 전문 영역을 충실히 구축하는 것이 더 중요하다.

사실 블로그 마케팅이라고 해서 꼭 상위노출에만 목맬 필요는 없다. C-RANK 알고리즘과 D.I.A 로직에 최적화된 블로그라고 해서 상위노출되지 않는 블로그보다 반드시 더 많은 매출을 올리는 것은 아니다. 유입이 늘어나면 그만큼 매출이 높아질 확률은 커지겠지만 그것이 꼭 절대적인 것은 아니라는 뜻이다. 후순위로 노출된 콘텐츠라 할지라도 상위노출된 글보다 잠재고객이 더 좋아할 만한 요소가 많으면 조회수 대비 높은 구매전환율을 보일 수 있다. 소비자의 니즈를 정확히 파악해 그들의 감성을 건드릴 수 있다면 굳이 블로그 최적화에 목매지 않아도 된다.

SNS MARKETING

PART 3

관계 중심의
페이스북 마케팅

간단하게 만들어라.
기억하게 만들어라.
시선을 끌게 만들어라.
재미있게 만들어라.
_ 레오 버넷(Leo Burnett)

10:10

살아 있는 스토리가 가득한 페이스북

사람과 사람 사이를 촘촘하게 연결해주는 관계 중심의 SNS 페이스북은 한때 하루 이용자 수가 15억 명을 돌파할 정도로 폭발적인 인기를 구가했다. 현재는 사적인 정보가 무분별하게 공개된다는 이유로 많은 이용자가 떠나면서 과거처럼 큰 인기를 끌고 있지는 못하지만, 사생활 침범 등의 우려에도 불구하고 여전히 페이스북은 SNS 시장의 지배자로 군림하고 있다. 성장세가 수그러들었을 뿐이지 사업자 입장에서는 페이스북만 한 플랫폼이 없다. 페이스북을 통해 제품과 서비스를 구매할 만한 사람들을 쏙쏙 골라 광고를 노출시킬 수 있기 때문이다.

세상사 가장 힘든 일이 사람 관계라고 했던가. 페이스북은 원활한 관계 형성 및 관리에 최적화된 SNS다. 블로그는 이용자가 직접 키워드를 검색해 정보를 찾아 댓글과 답글로 소통하는 구조이고, 인스타그램은 팔로워가 쌓이기 전까지는 블로그와 비슷하게 해시태그로 원하는 정보를 얻는 채널이다. 유튜브 또한 특정 키워드를 검색해 유튜버의 채널을 찾아가는 구조로 되어 있다. 이렇듯 블로그, 인스타그램, 유튜브는 모두 검색이라는 행위를 통해 콘텐츠 제작자와 이용사가 연결되는 구조다. 반면 페이스북은 친구 관계를 맺어야만 서로 소통할 수 있는 구조로 되어 있다. 최근 페이스북에서 인스타그램으로 이탈하는 젊은층이 늘어난 이유도 이러한 관계 중심의 '연결성'에 거부감을 느끼기 때문인데, 사실 이는 페이스북이 가지고 있는 어쩔 수 없는 속성 중 하나다.

소통하는 공간, 페이스북

페이스북 마케팅으로 성과를 얻기 위해서는 페이스북이 지닌 고유의 특성을 잘 이해하고, 다른 SNS 마케팅과는 차별화된 방식으로 접근해야 한다. "전 세계 사람들을 연결시키겠다."라는 포부와 함께 문을 연 페이스북은 이용자들을 하나의 거대한 체인으로 연결해 자연스럽게 바이럴 마케팅을 유도할 수 있는 최적의 마케팅 창구가 되었다. 반대로 그 촘촘한 관계망으로 인해 바이럴 마케팅이 한순간에 막힐 수도 있는 모순이 있지만, 조금만 주의하면 누구나 쉽게 브랜딩에 활용할 수 있다.

페이스북은 다수의 개인계정을 바탕으로 서로의 친구, 친구의 지인, 지인의 지인 등 촘촘한 연결고리로 사람과 사람 사이를 이어준다. 개인계정은 포스팅과 '좋아요' 여부를 통해 은연중에 서로의 정보와 관심사가 노출되고, 비즈니스 계정인 페이지는 친구 여부와 상관없이 오로지 콘텐츠의 퀄리티에 의해 팬이 늘거나 줄어드는 구조다. 그래서 페이지는 양질의 콘텐츠를 꾸준히 발행하는 성실함이 가장 중요하고, 개인계정은 연결된 관계가 끊어지지 않도록 꾸준히 유지하는 소통력이 가장 중요하다.

아무래도 불특정 다수와 소통하는 SNS가 아니다 보니 때로는 돈독했던 친구 관계가 끊어질 때가 있다. 바로 정치 이슈 등 개인의 성향에 따라 생각이 분명하게 갈리는 의견을 타임라인에 표출했을 때다. 정치, 종교 문제 등 민감한 사안을 다루게 되면 SNS를 통해 쌓았던 유대 관계가 한순간에 산산조각 날 수 있다. 자신의 주관적인 생각 때문에 관계가 틀어지기도 하므로 생각보다 세심한 관리가 필요하다. 그러나 페이스북은 운영이 까다로운 만큼 깊이 있는 소통이 가능하다는 장점이 있다.

평소에 친구의 글에 진심으로 박수를 보내고 응원해주는 등 관계를 돈독하게 쌓았다면 자연스럽게 친구의 친구와 연결되어 더 많은 이들과 소통할 수 있게 된다. 예를 들어 치과를 운영하는 닥터 B가 평소에 페이스북 친구 5천 명과 진정성 있게 소통했다고 가정해보자. 닥터 B의 친구들은 치아에 문제가 생겼을 때 가장 먼저 그를 떠올리게 될 것이다. 필자 역시 페이스북 친구들의 도움으로 전작인『따라하면 매출

▲ 필자의 페이스북 개인계정(왼쪽)과 페이지(오른쪽). 페이지는 성실함이 가장 중요하고, 개인계정은 소통력이 가장 중요하다.

이 따라오는 페이스북 마케팅』 책 홍보에 큰 도움을 받았다. 인스타그램에 비해 긴밀하게 관계를 유지해야 하는 페이스북이 부담스럽게 느껴질 수도 있다. 하지만 어차피 세상 모든 사람이 내 편이 될 수는 없다. 마음을 편하게 먹자. 페이스북 친구 역시 서로에게 힘이 될 수 있는 관계만 유지하고 그렇지 않다면 자유롭게 끊으면 된다.

누군가 내 심정을 담은 글을 읽어주고 공감해준다면 큰 힘이 될 것이다. 가족, 친척, 친한 친구가 아닐지라도 말이다. 오히려 온라인에서 만났기 때문에 더 허물없이 자신의 이야기를 털어놓을 수 있는지도 모른다. 예를 들어 특정 지역에 태풍이 와서 한 해 농산물이 소용없게 된 농업인이라면 페이스북을 통해 "1년 수고가 허물어졌으니 상심이 크시겠습니다." "자식과도 같은 한 해 농사를 망쳐서 어떡해요." 등의 위로를 받을 수 있다. 걱정을 끼치기 싫어 자녀에게는 이야기하지 못해도 페이스북에서는 자유롭게 고충을 토로할 수 있다. 그렇게 일면식도 없는 온라인 친구들이 아픔에 공감해주었다는 사실 하나만으로도 다

따라하면 매출이 따라오는 SNS 마케팅

음 농사를 준비할 수 있는 기운을 얻는다. 지지부진하던 사업이 서서히 잘 되고 있다는 반가운 소식을 알렸을 때도 마찬가지다. 페이스북 친구들이 보내주는 응원이 얼마나 큰 힘이 되는지 직접 느껴보지 못했다면 모를 것이다.

결혼을 했다 하더라도 아내, 남편, 자녀에게 자신의 깊은 속마음을 자주 털어놓는 사람은 소수에 불과할 것이다. 페이스북을 통해 친구들과 소통하는 이유는 속 깊은 교류를 통해 위안을 받을 때가 많기 때문이다. 이렇듯 남을 위로하는 동시에 자신도 위로를 받는 소통의 채널이 바로 페이스북이다. 페이스북이 SNS 중에서도 독보적인 지위를 구가하는 이유는 내 마음을 있는 그대로 하소연할 다른 마땅한 채널이 없기 때문이다. 다른 SNS에 페이스북에서처럼 자신의 이야기를 길게 쓰면 좋은 반응을 얻을 리 없다.

페이스북에서 누군가 "어머니가 아파요. 힘을 주세요."라는 글을 올리면 우리는 각자의 어머니를 떠올리면서 진심으로 쾌차하길 바란다고 응원하게 된다. 이처럼 페이스북은 진솔하고 진정성 있는 소통이 가능한 유일무이한 채널이다. 페이스북 마케팅을 염두에 두고 있는 사업자라면 이 점을 놓쳐서는 안 된다. 대뜸 제품 사진만 올려 구매를 권유해서는 매출을 올릴 수 없다. 실제로 페이스북에서는 식스팩토탈휘트니스 정상수 대표처럼 진정성 있는 소통으로 성공적으로 잠재고객에게 다가간 사업가들의 사례가 참 많다. 개인계정으로 페이스북 마케팅에 성공한 사람들은 홍보성 글을 지양하고 팔로워들과 꾸준히 소통한다는 공통점이 있다.

▲ 진정성 있는 소통으로 브랜딩에 성공한 식스팩토탈휘트니스 정상수 대표의 개인계정

페이스북의
엣지랭크

　누군가는 "왜 굳이 사적인 이야기를 털어놓아야 하나요? 나는 그
냥 사업가일 뿐인데요."라고 반문할 수도 있다. 자신의 사사로운 부분
을 공개하지 않아도 팔로워들과 소통할 수 있다는 생각 때문이다. 물
론 맞는 말이다. 하지만 마음을 열지 않고서는 다른 사람들이 공감할
수 있을 만한 글을 쓰기가 참 힘들다. 공감은 감정의 교집합이다. 글솜

씨가 정말 뛰어나지 않은 이상 어떤 교집합도 없는 상태에서는 좋은 글을 쓸 수가 없다. 글에는 마음이 담겨 있다. 우리는 글을 통해 상대방의 마음을 볼 수 있고 그 사람의 모습을 볼 수 있다. 선한 글을 쓰는 사람은 직접 대면하지 않아도 왠지 선한 사람일 것 같고, 아내에 대한 칭찬의 글을 자주 쓰는 사람은 직접 대면하지 않아도 사랑이 넘치는 사람일 것 같다. 자신의 이야기를 남들이 보는 페이스북에 공개적으로 이야기하는 것이 부담스럽다면 페이스북 마케팅은 포기하는 것이 좋다.

엣지랭크＝친밀도＋가중치＋시의성

페이스북의 알고리즘조차도 진심 어린 소통의 중요성을 강조하고 있다. 바로 엣지랭크(edgelank)다. 엣지랭크는 친구와의 상호작용과 참여도를 바탕으로 노출 여부를 결정하는 알고리즘이다. 페이스북 뉴스피드에 상위노출되기 위해선 글을 쓸 때 엣지랭크가 중요하게 생각하는 '친밀도(affinity)' '가중치(weight)' '시의성(timeliness)'을 고려해야 한다. 친밀도는 팔로워와 친한 정도를 지표화한 것으로, 서로 '좋아요'를 지속적으로 누르는 등 교류를 하면 해당 팔로워의 뉴스피드에 내 콘텐츠가 더 자주 노출된다. 가중치는 반응의 종류와 수 등에 따라 콘텐츠에 부여되는 점수로 공유, 댓글, '좋아요' 순으로 가중치가 높다. 시의성은 접속한 시간과 콘텐츠의 발행 시간 사이의 차이로, 만약 1주일 동안 페이스북을 쓰지 않다가 로그인했다면 1주일 전 콘텐츠가 뉴스피드에 노출될 가능성이 올라가게 된다.

소통할 마인드가 부족한 상태에서 페이스북을 하게 되면 이러한 알고리즘을 역행하는 것과 같다. 엣지랭크를 역행하면 뉴스피드에 나의 글이 덜 노출되고, 아무리 열심히 페이스북 계정을 운영해도 마케팅 효과는 미미해진다. 소통이라는 건 서로 이야기를 주고받을 때 의미가 있다. 일방적으로 자신의 이야기를 숨기거나, 제품과 서비스를 홍보하기 위한 글만 남발해서는 제대로 된 소통을 하기가 어렵다. 물론 사회를 바라보는 시선이 다르면 의견이 다를 수도 있고, 서로 주장이 갈리는 특정 주제에 따라 감정의 골이 깊어질 수도 있다. 이런 부분이 피곤하고 부담스럽게 느껴질 수 있지만 페이스북 마케팅이 목적이라면 극복해내야 한다.

부모 형제라고 해서 늘 의견이 같을 수는 없다. 하물며 아무런 연결 고리가 없는 가상의 세계에서 맺어진 인연에 너무 깊이 몰두해 상처받을 필요는 없다. 진심으로 내 이야기에 귀를 기울여줄 사람들만 친구를 맺어 관계를 유지하면 된다. 생각이 다를지라도 기꺼이 기쁜 마음으로 '좋아요' 눌러줄 수 있는 사람들과 소통하면 된다.

핵심은 스토리텔링이다

우리가 〈인간극장〉을 보면서 감동받는 이유는 평범한 사람들의 치열한 삶이 공감을 불러일으키기 때문이다. 사람들은 미처 몰랐던 누군가의 비하인드 스토리를 통해 큰 감동을 받고는 한다. 다른 사람의 사적인 이야기가 무슨 소용이냐고 반문한다면 딱히 할 말은 없지만, 결국 인생은 누군가와 부대끼며 영향을 주고받는 과정의 연속이다.

우리는 주변에서 재기에 성공한 일화를 자주 들을 수 있다. 실제로 누구나 타인의 이야기에 영향을 받은 경험, 즉 동기 부여를 통해 잘못된 행동이나 습관을 바꾼 경험이 있을 것이다. 이처럼 다른 사람이 살아온 이야기, 글, 말이 끼치는 영향은 실로 대단하다. 그렇다면 페이스북에서는 어떤 사람들이 활동하며 서로 영향을 주고받고 있을까? 흔히 인스타그램이 가벼운 채널이고 페이스북이 무거운 채널이라고 평가 받는 이유는 그만큼 잡다한 일상을 담은 콘텐츠가 많은 곳이 인스타그램이고, 전문적인 지식이 많은 곳이 페이스북이기 때문이다. 페이스북은 사회, 정치, 문화, 경제를 통틀어 영향력 있는 인물들이 모두 모여 있는 곳이다. 시인도 있고, 소설가도 있고, 연예인도 있고, 기업인도 있는 우주 같은 공간이다.

스토리텔링이 중요한 이유

페이스북에서 가장 중요한 것은 스토리텔링이다. 유명한 사람들이 많다는 것은 그만큼 평범한 사람들의 콘텐츠는 눈에 띄기 힘들다는 뜻이다. 따라서 스토리텔링을 통해 콘텐츠에 자신만의 색깔을 입혀 개성을 부여해야 한다.

코로나19로 대구 지역 경제가 침체에 빠졌을 때, 페이스북을 통해 소상공인을 위한 모금 운동을 펼쳐 큰 반향을 일으킨 이가 있다. 바로 꿈벗컴퍼니의 박대호 대표다. 어려운 소상공인을 각자 자신의 위치에서 돕는다는 좋은 취지에 많은 사람들이 감명을 받아 후원에 동참했다. 이처럼 좋은 스토리텔링을 입힌 콘텐츠는 많은 사람들의 공감을 불러일으킬 수 있다.

물론 스토리텔링이 잘된 콘텐츠를 만든다는 게 말처럼 쉽지만은 않

▲ 꿈벗컴퍼니 박대호 대표의 콘텐츠. 그는 소상공인을 위한 모금 운동을 펼쳐 큰 반향을 일으켰다.

다. 페이스북 초보자라면 더욱 막막하게 느껴질 것이다. 페이스북 개인 계정을 만들기는 했는데 무엇부터 해야 할지 모르겠다면 일단 아무 글이나 올려보자. 예를 들어 필자는 직업이 직업인지라 자기 사업을 하는 사람들의 개인계정에 늘 관심을 두고 그들의 콘텐츠에 귀를 기울이고 있다. 마케팅에 관심이 많은 사업자들과 친구를 맺어 소통하고, 잘 운영되고 있는 관련 페이지의 팬이 되어 콘텐츠를 받아본다. 이렇게 먼저 다가가 '좋아요'를 누르고 의견을 다는 등 소통을 하면서 자연스럽게 관계가 형성된다.

일단 시작이 중요하다. 아마 당신이 쓴 글에 누군가가 먼저 '좋아

가을인가봐요.
하늘이 높고 맑잖아요.
힘내서 살자구요.
#가을이잖아요

▲ '공유하기'를 통해 누군가 나의 콘텐츠를 가져가면 저절로 글이 계속 퍼지게 된다.

요'를 누르고 관심을 표할 것이다. 그러면 그 사람의 피드에 들어가 똑같이 '좋아요'를 누르고 댓글을 다는 등 소통을 이어나가면 된다. 이렇게 친구를 늘려가면서 서로 영향을 주고받으며 천천히 스토리텔링에 대해 고민해보자. 페이스북 친구들과 양방향 관계를 유지하면서 그들이 공유한 글을 내가 보거나, 내가 공유한 글을 그들이 보도록 하자. 우리가 유용한 콘텐츠를 올리면 누군가 '친구들에게도 알려줘야지.' 하는 마음이 생기게 될 것이다. 이렇게 '공유하기' 버튼을 눌러 자신의 피드에 콘텐츠를 가져가면 저절로 나의 글이 계속 퍼지게 된다. 스토리텔링이 잘된 콘텐츠라면 공유될 확률도 커질 것이다. 이것이 페이스북 마케팅의 기본 원리다.

예를 들어 등산화를 판매하는 사업자라면 등산을 취미로 즐기는 사람들의 개인계정이나 관련 동호회 페이지에 관심을 두고 꾸준히 모니터링해야 한다. 그들이 바로 내 사업의 잠재고객이기 때문이다. 잠재고객이 개인계정에서 등산화에 대한 어떤 고충을 토로하거나, 이러이러한 제품이 오면 좋겠다고 의견을 내면, 즉각 사업에 반영해 마케팅을 펼쳐야 한다. 필자 역시 다른 사업을 하는 개인계정의 피드를 보면서 많은 공부를 하고 있다. 잠재고객과 적극적으로 소통한다면 페이스북 뉴스피드에 그들의 글이 지속적으로 올라올 것이다. 뉴스피드를 일종의 '고객의 소리' 창구처럼 활용하면 꾸준히 단골을 늘릴 수 있다.

사업자라면 페이스북을 통해 적극적으로 자신의 제품과 서비스를 알려야 한다. 스토리텔링을 통해 친구들이 당신이 살아온 이야기에 공감한다면 자연스럽게 당신의 사업에도 관심을 갖게 될 것이다. 회사가 마케팅을 하는 이유는 제품과 서비스가 많이 알려져 매출을 올리기 위해서다. 그런데 회사를 알리기 위해서만 광고를 진행하면 광고가 노출되지 않을 때는 당신의 사업은 존재하지 않는 것이 된다. 만에 하나 사정이 어려워져 광고를 아예 끊으면 어떤 채널에도 당신의 회사가 언급되지 않으니 마케팅 효과를 전혀 볼 수 없을 것이다. 반면 회사 대표인 당신이 페이스북 개인계정을 적극적으로 운영하고 있다면 광고를 하지 않더라도 당신의 회사는 사람들의 기억 속에서 잊히지 않는다(적어도 페이스북 친구들은 기억할 것이다). 왜냐하면 당신이 SNS에서 활발하게 움직임으로써 간접적으로 홍보를 하고 있기 때문이다.

우리밀 칼국수 정인식 대표의 개인계정이 좋은 사례다. 그의 가게는 따로 광고를 내지 않더라도 사람들의 기억 속에서 사라질 일이 없다. 대표인 그가 늘 꾸준히 페이스북 개인계정을 운영하고 있기 때문

정인식
4일 · 🌐

식생활 개선의 선두주자
gmo걱정없고 농약 방부제 걱정없이
구미 남산골 우리밀100%칼국수 콩국수 드시고
보리밥 마음대로 얼마든지 드세요
우리농산물도 살리고 내건강도 살리고 일석이조 아닌
가요

👍😊 127개   댓글 51개

정인식
(싱글)
흐르는 물처럼 ..

구미인동31길15호

💬 메시지   ⋯

▲ 우리밀 칼국수 정인식 대표의 개인계정. 사업자라면 페이스북을 통해 적극적으로 자신의 제품과
서비스를 알려야 한다.

이다. 군이 홍보를 위해서가 아니더라도 페이스북은 여러모로 유용하
다. 페이스북을 통해 당신의 사업과 관련된 업체로부터 제휴 요청을
받을 수도 있고, 다른 분야의 업체로부터 좋은 제안이 들어올 수도 있
다. 물론 SNS 활동을 하지 않더라도 평생 부침 없이 사업을 키워나갈
자신이 있다면 페이스북을 하지 않아도 좋다. 하지만 불확실성의 시대
에 조금이라도 사업을 키우고 매출을 올릴 가능성이 있다면 시도하지
않을 이유가 없다.

글을 쓸 땐
힘을 빼자

재차 강조하지만 페이스북을 마케팅을 위한 도구로만 생각해서는 안 된다. 홍보성 글만 남발하는 것보다는 차라리 아무 목적 없이 사는 이야기를 쓰거나, 남이 올린 글에 댓글만 다는 편이 낫다. 페이스북은 스토리텔링이 중요한 공간이지만 아이러니하게도 목적을 띤 글보다 목적 없는 글이 사람을 모이게 할 때가 있다.

콘텐츠 발행에 너무 큰 부담을 갖지 말자. 회사에 소속된 직원이라면 자기가 하고 있는 일에 대해 그냥 쓰면 된다. 디자이너라면 디자인에 대한 글을 쓰거나 디자이너로 살아가는 당신의 하루를 주제로 써도 좋다. 음식점을 운영하고 있다면 음식에 대한 글을 쓰고, 그 음식을 먹고 있는 손님에 대한 이야기를 써보자. 장사가 잘되면 잘된다고 쓰고, 잘 안 되면 요즘 고전하고 있어 힘들다고 쓰면 된다. 누가 거기에 비판하거나 비난하며 끼어드는 일은 없을 것이다.

아침에 출근하면 출근길에 대한 이야기를 쓰자. 꽃집을 운영한다면 꽃에 대한 이야기를 쓰고, 매장에서 일어나는 여러 가지 이야기를 한다. 미용실을 운영한다면 그냥 미용실에서 일어나는 이야기를 쓰면 된다. 부담 가질 필요는 없다. 이렇게 당신의 하루를 페이스북에 올리기만 하면 된다. 그런데 회사 대표라면 자유롭게 회사에 대해 이야기할 수 있겠지만, 직원이라면 회사 이야기를 피드에 올리기가 꺼려질 수도 있다. 그럴 땐 그냥 직원이 아닌 당신 스스로에 대해 자유롭게 이야기해도 무방하다.

포스팅에 자신감이 생기면 그때부터 조금씩 자신의 사업 이야기를 꺼내보자. 개인사업을 하고 있다면 개인계정에 자신의 일상을 이야기하며 은연중에 하고 있는 일을 알리는 것이 좋고, 어느 정도 규모가 있는 회사를 운영하고 있다면 따로 페이지를 개설해 스폰서 광고를 병행하는 것이 좋다. 스폰서 광고와 함께 개인계정을 통해 회사의 비하인드 스토리를 풀어놓으면 보다 효과적인 브랜딩이 가능하다. 스폰서 광고에 대한 이야기는 뒤에서 더 자세히 다루도록 하겠다.

스토리텔링이 중요하다고 해서 꼭 거창한 주제로 글을 쓸 필요는 없다. 항상 모든 글의 반응이 다 좋을 수도 없다. 사람들이 공감해주지 않더라도 실망하거나 포기해서는 안 된다. 이 세상에 당신과 똑같은 형태의 마음을 가진 사람은 없다. 다른 사람의 생각이 내 생각과 비슷하지 않다고 해서 일희일비하지 말고, 자신만의 방식으로 꾸준히 포스팅을 해보자.

브랜딩에 적합한
페이스북 페이지

신제품이 나오거나, 리뉴얼한 제품을 론칭하거나, 기존 제품을 다시 선보일 때 가장 먼저 부딪히는 문제는 어디에 홍보하느냐다. 다행히 대표 자신이 SNS를 잘 운영하고 있다면 홍보할 채널에 대한 걱정은 덜할 것이고, 거기에 유료 광고를 좀 보태면 어느 정도는 자체적으로 홍보가 가능하다. 하지만 아쉬움은 남을 수밖에 없다. 기껏 좋은 제품을 만들었는데 홍보가 미진해 성과를 거두지 못하면 이것만큼 억울한 일이 없다. 네이버 파워링크 광고를 하거나, 블로그 체험단을 운영하거나, 페이스북 스폰서광고를 집행해 인스타그램과 함께 연동하거나, 유튜브 유료 광고를 이용한다고 하더라도 모두 비용이 발생해 한계가 있다. 딱 책정된 마케팅 비용만큼만 도달률이 보장되다 보

▲ 필자의 페이스북 페이지. 평소에 열심히 SNS를 운영해 미리 잠재고객에게 다가가고 소통하는 것이 좋다.

니 작은 회사는 엄두도 내지 못한다. 그래서 평소에 열심히 SNS를 운영해 미리 잠재고객에게 다가가고 소통하는 것이 좋다. 본업으로 바쁘고 정신이 없더라도 SNS 운영은 포기하지 말아야 한다.

홈페이지에 가까운
페이스북 페이지

앞서 페이스북 개인계정을 은연중에 제품과 서비스를 알리는 데 활용하라고 조언했었는데, 아무래도 개인계정은 회사의 소식과 콘텐츠를 알리는 용도로 쓰기에는 한계가 있다. 비즈니스 계정인 페이지를 함께 운영하는 편이 훨씬 효율적이고, 팬을 확보함으로써 보다 다양한 잠재고객과 만날 수 있어 매출에도 큰 도움이 된다. 필자 역시 개인사업자이긴 하지만 페이지에서 꾸준히 팬을 모으는 중이다.

　페이지는 페이스북이 제공하는 일종의 홈페이지라고 생각하면 이해가 쉽다. 개인계정과는 성격이 조금 다르기 때문에 다른 방법으로 운영해야 한다. 페이지는 비즈니스 계정이므로 페이지의 성격에 맞는 유익한 정보를 가득 담은 콘텐츠를 제공해야 팬들을 만족시킬 수 있다. 개인계정은 주제에 얽매이지 않고 다양한 글을 올릴 수 있지만, 페이지는 되도록 콘셉트에 맞는 특정 주제의 글을 올려야 한다. 예를 들어 식품회사를 운영 중인 A가 사업 홍보를 위해 '식품 정보'라는 이름의 페이지를 운영하고 있다고 가정해보자. 식품 정보 페이지의 팬들은 여러 식품의 영양소 정보와 요리법 등을 구독하기 위해 해당 페이지의 팬이 되었을 것이다. 그런데 갑자기 A가 페이지에 자신의 취미인 낚시를 주제로 한 콘텐츠를 올린다면 팬들의 반응은 어떨까? 아마도 대부분 말없이 '좋아요'를 취소하고 떠날 것이다.

　너무 직접적인 광고성 글도 지양해야 한다. 페이지에 올릴 콘텐츠는 잠재고객에게 유용한 정보성 글과 회사 제품을 사용하는 사람들의 소소한 이야기에 초점을 맞춰야 한다. 필자는 강연에서 성공사례로 '열정에 기름 붓기'라는 페이지를 자주 언급한다. 열정에 기름 붓기 페이지는 '자기다운 삶'을 주제로 동영상, 카드뉴스 등 다양한 콘텐츠를 만들어 팬들에게 인기를 끌고 있다. 성공한 누군가의 거창한 이야기가 아니라 평범한 사람들의 소소한 이야기만으로 콘텐츠를 만들어 큰 공감을 불러일으킨다.

　영어 학원의 페이지라면 학원 수강생의 일상이나 토익 점수 올리는 법 등의 콘텐츠를 올려야 한다. 우리 영어 학원은 몇 년의 역사를 자랑

▲ '열정에 기름 붓기' 페이지. '자기다운 삶'을 주제로 동영상, 카드뉴스 등 다양한 콘텐츠를 만들어 팬들에게 인기를 끌고 있다.

하고, 유명 대학을 우수한 성적으로 졸업한 수강생이 있다는 등의 콘텐츠를 올리면 외면받기 딱 좋다. 콘텐츠에는 결코 자기 자랑이 대놓고 드러나서는 안 된다. 우리 학원의 수업을 들으면 어떤 면이 좋은지 실제 사례를 들어 10~20장 정도의 카드뉴스를 디자인해 발행한다면 모를까, 전단지처럼 자랑만 줄줄 늘어놓아서는 팬을 모으기 힘들다.

소비자들은 평소 너무 많은 광고에 노출되어 있기 때문에 조금이라도 광고 냄새가 나면 곧바로 외면해버린다. 소비자를 직접 등장시켜 그 사람의 이야기를 스토리텔링으로 흥미롭게 꾸미거나, 빠르게 휙

획 넘기며 볼 수 있는 카드뉴스 등의 콘텐츠를 만들어 발행해야 관심을 끌 수 있을 것이다. 혹시 지금 페이지를 운영 중이라면 성의 없이 홍보성 글만 올리지는 않았는지, 다른 채널로 넘어가는 링크만 올리지는 않았는지, 보도자료 내용을 그대로 긁어오지는 않았는지 점검해보자. 홍보성 콘텐츠에 민감한 페이스북 이용자들은 외부 링크만 보면 외면하는 경우가 많다. 팬들이 싫어할 만한 방식으로 페이지를 운영하고 있다면 지금이라도 개선하기 바란다.

소비자들의 관심을 이끌어낼 수 있는 가장 쉬운 방법은 재미있는 콘텐츠를 만드는 것이다. 하루에도 수없이 많은 콘텐츠가 페이스북에서 쏟아지고 있다. 만일 눈길을 끌 만한 요소가 없다면 당신의 콘텐츠는 그대로 묻히고 말 것이다. 재미가 없다면 고객이 공감할 수 있는 감동적인 이야기를 담거나, 어디에서도 볼 수 없었던 독창적인 주제여야만 한다. 반대 입장에서 생각해보자. 사업자인 우리 또한 하루에도 수없이 많은 광고를 접한다. 타 업체에서 만든 홍보물을 볼 때 어떤 기분이 드는가? 광고로 가득하다면 불편하게 느껴질 것이고, 제품과 서비스를 재치 있게 소개한다면 거부감이 덜할 것이다.

군이 제품 소개에 얽매일 필요는 없다. 현재 화제가 되고 있는 유명인사의 삶, 명언, 저서 등이 자신의 사업과 조금이라도 연관이 있다면 거기에 초점을 맞춰 카드뉴스를 만드는 것도 좋은 방법이다. 이렇게 꾸준히 대중이 흥미로워 할 만한 주제를 선정해 스토리텔링한다면 트래픽이 크게 늘 것이다. 청바지 회사라면 청바지의 기원이나 청바지를 즐겨 입는 유명인사의 이야기 등 청바지와 얽힌 여러 가지 사례를 찾아 각색하면 되고, 장신구를 판매하는 회사라면 영국 여왕이 사랑하는 보석의 종류 등 타깃 고객이 재미있게 느낄 만한 주제를 찾아내 각색하면 된다.

소통은 개인계정에서 브랜딩은 페이지에서

개인계정과 페이지의 차이점은 무엇일까? 개인이 할 수 있는 말과 기업이 할 수 있는 말은 분명 차이가 있다. 마찬가지로 사사로운 개인계정을 통해 할 수 있는 말과 비즈니스 계정인 페이지를 통해 할 수 있는 말에도 차이가 있다.

개인계정과 달리 페이지는 콘텐츠 중심으로 접근해야 한다. 특정 제품과 관련된 유용한 콘텐츠를 제시하는 방향으로 운영해야 많은 팬을 확보할 수 있다. 맺을 수 있는 친구의 수가 5천 명으로 제한되어 있는 개인계정과 달리 페이지의 팬은 제한이 없어 확장성 면에서 월등히 뛰어나다. 호기롭게 페이지 운영을 시작한 많은 소상공인과 중소기업이 실패하는 이유는 대개 콘텐츠 면에서 한계를 드러냈기 때문이다. 규모가 있는 회사는 카피라이터, 디자이너, 기획자 등의 전문가를 따로 고용해 양질의 콘텐츠를 생산해낸다. 또한 페이지를 구독한 팬들에게 제공하는 콘텐츠는 신문이나 잡지처럼 지속적으로 발행해야 하는데 작은 기업은 시간과 인력 면에서 한계에 부딪힌다.

전문적인 미디어회사라면 모를까 24시간 3교대로 돌아가는 공장을 운영하는 사업자가 콘텐츠를 전문가처럼 만들기란 현실적으로 힘든

페이스북 개인계정 vs. 페이지

구분	개인계정	페이지
대상	개인	기업, 기관, 공인, 유명인 등
목적	친목, 브랜딩	홈페이지 역할, 브랜딩
친구 수 제한	5천 명	제한 없음
관계 형성	친구 상호 수락	'좋아요' 클릭
분석툴	제공하지 않음	인사이트 제공
관리자	1명	복수 가능

일이다. 필자가 추천하는 방법은 콘텐츠의 발행 간격이 다소 길어지더라도 어느 정도 감수하고 페이지를 운영하는 것이다. 여건이 나쁘다는 이유로 개인계정을 페이지처럼 운영해서는 안 된다. 또한 몇몇 업종은 조금만 짬을 내면 사업과 페이지 운영을 충분히 병행할 수 있다. 예를 들어 카페 등 오프라인 매장을 운영하는 사람이라면 비교적 한산한 시간대에 짬을 낼 수 있지 않을까? '손님을 받고 뒷정리하기 바쁜데 언제 글을 쓰고 콘텐츠를 만드느냐?' 생각할 수 있지만 많은 사람들이 그렇게 바쁘게 자신의 사업을 키우고 있다. 필자 역시 매일 강의와 컨설팅, 마케팅 대행 등 누구 못지않게 바쁜 하루를 보내면서도 SNS를 운영하고 있다. 다른 누구의 사업도 아닌 '내' 사업을 키우는 일인데 무슨 일이든 못하겠는가?

필자는 강의하는 모습을 늘 스마트폰으로 촬영하고, 비는 시간을 이용해 중요한 내용은 따로 음성으로 녹음하거나 편집해 페이스북에 올리는 방법으로 콘텐츠를 생산한다. 이처럼 회사 대표가 틈틈이 스마트폰으로 자신이 하고 있는 일에 대한 지식을 알리기 위해 동영상을 찍어 편집한다면 그것 역시 훌륭한 콘텐츠가 될 것이다. 운전을 마친 후 그냥 차 안에서 방금 끝내고 온 미팅 이야기를 털어놓거나, 회의하는 모습을 일부만 편집해 올려도 충분히 팬들과 소통이 가능하다. 피트니스센터를 운영하고 있다면 자신이 운동하는 모습과 회원들에게 코칭하는 모습을 동영상에 담거나 사진으로 찍어 올리는 게 그렇게 어려운 일일까? 스스로 너무 많은 핑계를 대며 게으름에 빠진 건 아닌지 돌아볼 필요가 있다.

당신이 움직이는 동안, 어딘가에 머무는 동안 무엇을 찍을 수 있을까 조금만 고민해보면 분명 번뜩이는 아이디어가 샘솟을 것이다. 블로그를 운영해봤다면 처음 포스팅을 할 때 막막했던 기억이 있을 것이다. 하지만 시간이 지나 콘텐츠가 하나하나 쌓이면 자신감이 붙게 된다. 페이지 운영도 마찬가지다. 노트북을 쓰고 있다면 웹캠으로 지금 하고 있는 일을 기록해보자. 운동을 하고 있다면 운동하는 모습을 기록하고, 여행을 하고 있다면 여행지를 기록해도 좋다. 콘텐츠는 그렇게 일상 속에서 만들어진다. 좋은 습관이 당신의 브랜드를 키워줄 것이다.

마케팅을 위한 페이지 운영

네이버, 구글 등을 통한 유료 키워드 광고는 보통 클릭당(CPC; Cost Per Click) 비용을 지불한다. 100만 원을 책정해도 클릭이 많아지면 하루도 되지 않아 돈이 다 빠져나간다. 매출이 눈에 띄게 늘었다면 다행이지만 이렇게 한두 달 해본 후 결과가 신통치 않아 광고를 중단하는 사례가 많다. 사업의 가장 큰 목적은 이윤 추구다. 아무리 홈페이지 유입률이 늘고, 콘텐츠의 조회수가 잘 나와도 매출이 오르지 않으면 의미가 없다. 절실하다면 바로 행동으로 옮기면 된다. 자본금이 많아 키워드 광고에 매달 수백만 원씩 투자할 수 있다면 상관없겠지만 그렇지 않다면 저비용 고효율의 페이지로 시선을 돌려야 한다.

마케팅의 가장 기본은 내가 이 사업을 하고 있음을 세상에 알리는 일이다. 자신이 카센터를, 인쇄소를, 안경점을, 스튜디오를 운영하고 있다는 사실을 세상에 더 널리 알릴 수 있는 방법이 있는데도 불구하고 노력하지 않는 사업자들이 많다. 물론 각자 여러 가지 사정은 있겠지만 내 사업보다 중요한 일이 따로 있다는 것은 쉽게 납득이 가지 않는다.

페이지는 잘만 운영하면 개인계정보다 훨씬 파급력이 강한 채널이다. 일단 소통과 관계 유지가 아닌 콘텐츠로 팬이 생기는 구조이기 때문에 콘텐츠만 좋으면 자신을 드러내지 않아도 성장할 수 있다. 예를 들어 물리치료사라면 개인이 혼자서 혹은 2명이 서로 도와주며 할 수 있는 간단한 체형 교정방법을 콘텐츠로 만들어 소통할 수 있을 것이다. 초기에는 팬이 1명도 없을 테니 스폰서 광고를 곁들여 페이지를 홍보하면 훨씬 효과적이다. 혹시 개인계정을 운영하고 있다면 개인계정 친구들을 페이지로 초대하는 방법도 좋다. 개인계정이 탄탄하다면 초기에 페이지가 자리 잡기 수월할 것이다.

좋은 페이지는 수만 명에서 수백만 명의 팬을 거느리며 영향력을

▲ 약 73만 명의 팬을 확보하고 있는 한국민속촌의 페이지. 한국민속촌은 관람객과 호흡하며 기존의 정적인 이미지에서 탈피했다.

떨친다. 그들의 공통점은 팬들의 공감을 얻을 수 있는 콘텐츠를 지속적으로 발행한다는 것이다. 기존 전통문화의 이미지는 옛날 사람들의 방아 찧는 모습을 구현하는 등 정적인 이미지가 많았는데, 한국민속촌은 그러한 고리타분한 방식에서 벗어나 관람객들과 함께 호흡하는 차별화된 마케팅으로 큰 호응을 얻었다.

참고로 페이지에 어느 정도 팬이 모이면 인사이트 기능을 이용해 팬 현황을 파악할 수 있다. 어느 지역에 몇 명이 있고, 남성은 몇 명이고 여성은 몇 명인지, 그리고 내가 올린 게시물에 긍정적인 반응을 보인 비율 등 페이스북에서 제공하는 인사이트를 통해 운영 전략을 짤 수 있다. 이러한 통계를 바탕으로 타깃 고객의 반응이 좋았던 콘텐츠는 무엇인지, 앞으로 어떤 방향으로 페이지를 운영하면 좋은지 확인해보기 바란다. 개인계정은 유명인사가 아니라면 성장에 한계가 있지만 페이지는 작은 회사더라도 좋은 콘텐츠만 있으면 경쟁력을 갖출

수 있다.

영어 학원을 운영하고 있다면 수험생들에게 도움이 되는 공부법이나 수강생들의 친밀하고 즐거운 모습 등을 담은 콘텐츠를 만들면 되고, 인테리어 관련 회사를 운영하고 있다면 셀프인테리어 비법 등을 담은 콘텐츠를 만들면 된다. 자기 회사가 잘났다고 잘난 체하는 것이 아니라 오로지 고객의 입장에서 그들이 필요로 할 만한 유용한 무언가를 콘텐츠에 담아보자. 팬이 적은 페이지들을 쭉 훑어보면 대부분 회사의 연혁이나 포트폴리오를 자랑하는 데 여념이 없다는 것을 알 수 있다. 다시 한번 강조하지만 고객은 당신의 자랑에는 관심이 없다.

페이지의 팬들은 개인계정의 친구들과 달리 브랜드에 대한 충성도가 무척 강한 편이다. 개인계정 친구들보다 내 제품과 서비스를 이용할 확률이 훨씬 높기 때문에 매출에도 큰 도움이 된다. 페이지의 확산을 위해 애써야 하는 이유다.

광고 같지 않아야
성공한다

필자가 뉴스피드를 쭉 보다가 멈춰서 정독하는 콘텐츠는 주로 창업, 마케팅, 강연에 관련된 것이다. 관심사를 벗어나는 글은 대부분 잠깐 훑고 넘어가는 경우가 많다. 그런데 가끔 필자와 전혀 상관없는 콘텐츠에 발이 묶일 때가 있다. 바로 광고 같지 않은 광고를 볼 때다. 광고 같지 않은 재치 있는 광고를 접할 때면 어느새 정독하고 있을 때가 많다. 식기세척기, 침대 등 당장 필요하지 않은 제품일지라도 말이다.

뉴스피드에 올라오는 콘텐츠는 주로 페이스북 친구에 의해 공유되거나, 우리가 이미 '좋아요'를 누른 페이지의 것인 경우가 많다. 나를 타깃으로 정한 전혀 모르는 페이지의 스폰서 광고도 자주 눈에 띈다.

이 수많은 콘텐츠 속에서 경쟁력을 갖추고 잠재고객의 눈길을 끌기 위해선 광고 같지 않은 광고를 만들어야 한다.

광고 같지 않은
광고를 만들자

대부분의 광고는 제품을 설명하고 가격이 저렴하다는 점을 강조한다. 그러나 사람들의 눈길을 끄는 '광고 같지 않은 광고'는 광고임에도 불구하고 물건이 좋으니 사라는 등의 문구가 전혀 없다. 보는 사람으로 하여금 전혀 거부감을 느끼지 않도록 편안하게 접근한다. 이것이 브랜디드(branded) 콘텐츠다. 브랜디드 콘텐츠란 광고 안에 자연스럽게 브랜드 메시지를 녹이는 것으로, 소비자의 흥미를 끌어 자발적으로 광고를 공유하도록 유도하는 콘텐츠를 의미한다. 브랜디드 콘텐츠가 바로 광고 같지 않은 광고다. 페이지에 이러한 콘텐츠를 발행해 팬들의 반응을 살펴본 후, 반응이 좋으면 스폰서 광고를 통해 해당 콘텐츠를 확장시켜 퍼트리는 전략을 취한다면 효과적으로 충성팬을 확보할 수 있다.

브랜디드 콘텐츠로 다수의 충성팬을 확보한 사례로는 '원룸 만들기' 페이지가 있다. 1인 가구, 자취생을 타깃으로 한 원룸 만들기 페이지는 거부감이 들지 않는 편안한 콘텐츠로 무려 60만 명의 팬을 확보했다. '이사할 때 유용한 사이트' '내가 살고 싶어 저장해둔 자취방 모음' 등 전혀 광고 느낌이 나지 않는다. 오히려 인테리어에 관심이 없던 사람

▲ 브랜디드 콘텐츠로 다수의 충성팬을 확보한 '원룸 만들기' 페이지

도 관심을 갖게 만들 만큼 다양한 콘셉트의 콘텐츠를 발행하고 있다.

성공한 페이지들도 처음부터 팬이 많았던 것은 아니다. 반응이 미진하더라도 정기적으로 꾸준히 콘텐츠를 올리는 것이 중요하다. 최근에는 동영상을 간단하게 편집해주는 애플리케이션이 많이 나왔고, 사진 몇 장만 넣으면 멋진 카드뉴스가 만들어지는 서비스도 제공되고 있다. 환경은 부족함이 없다. 당신의 스토리만 콘텐츠에 잘 녹여내면 된다. 첫술에 배부르지 않다고 해서 페이지 운영을 포기하는 우를 범하지 않기 바란다.

따라하면 매출이 따라오는 SNS 마케팅

스폰서 광고를 활용하라

"투자 없이 돈을 벌겠다는 건 도둑놈 심보입니다." 필자가 강의 중 자주 하는 이야기다. 다소 자극적으로 들릴 수도 있겠지만 이 말을 하면 수강생들은 모두 공감하며 피식 웃는다. 여기서 투자란 주식, 채권 등을 따로 통해 수익을 내라는 의미가 아니다. 매출의 일부분을 자신의 비즈니스에 적극적으로 재투자해 사업의 외연을 넓히라는 뜻이다. 페이스북 마케팅 또한 마찬가지다. 개인계정과 페이지를 통해 어느 정도 자리를 잡았다면 페이스북 유료 스폰서 광고에 돈을 아껴서는 안 된다.

사실 페이스북 친구들이 매출을 올려주는 일은 그리 흔하지 않다. 신제품을 출시하거나 특별한 이슈가 있을 때는 도움을 받을 수도 있지만 지속적으로 팔리는 구조는 아니다. 교육 서비스 등 특수한 업종의 경우에는 페이스북 활동이 매출과 직결되지만 이는 일부 업종에만 국한된 이야기다. 결국 페이스북에서 꾸준히 매출을 올리기 위해서는 스폰서 광고를 활용해야 한다.

돈을 벌려면 돈을 써야 한다

페이스북 광고뿐만 아니라 어느 정도 사업이 성장하면 오프라인에서도 광고가 필요하며, 특정 모임이나 플랫폼에도 비용을 할애해 광고를 내야 한다. 이 중 페이스북 스폰서 광고의 중요성을 강조한 이유는 원하는 타깃 고객만 골라 광고할 수 있기 때문이다. 예를 들어 자신이 게임기를 판매하는 사업을 한다면 당연히 핵심 타깃은 20~30대 남성일 것이다. 10대를 위한 교육용 게임기라면 구매력이 있는 40~50대 부모 세대의 마음을 훔쳐야 하므로 40~50대를 타깃으로 한 스폰서 광고를 집행해야 한다.

스폰서 광고는 성별, 연령, 위치, 관심사에 따라 세세하게 타기팅이 가능하다. 예를 들어 서울에서 오프라인 화장품 가게를 운영 중이라면 서울에 살고 있고 뷰티 키워드에 관심이 많은 20대 여성을 대상으로 광고를 집행하면 된다.

흔히 창업을 하면 지역지에 광고를 내고, 현수막을 달고, 전단지를 뿌리고, 스티커를 붙이고, 카탈로그를 만드는 등 어느 정도 돈을 투자

타겟 만들기 ✕

광고를 통해 도달하려는 사람들의 위치, 연령, 성별, 관심사를 선택하세요.

이름

⚠

성별

| 전체 | 남성 | 여성 |

연령

18 ▼   65+ ▼

위치

미국

📍 미국

위치 추가

상세 타게팅

일치하는 사람 포함 ❶

인구 통계학적 특성, 관심사 또는 행동 추가 | 추천 | **찾아보기**

타겟 제외

▲ 페이스북을 통해 특정 집단을 타깃으로 한 스폰서 광고가 가능하다.

한다. 그런데 오프라인 광고에는 이렇게 돈을 쓰면서 유료 온라인 광고에는 부정적인 사업자들이 많다. 효과적으로 홍보를 하기 위해서는 비용이 들어갈 수밖에 없다. 이런 비용조차 쓰지 않고 많은 매출을 바란다는 건 어불성설이다. 재차 강조하지만 페이스북 마케팅은 가격 대비 효율이 굉장히 좋다. 꼭 비용을 많이 쓴다고 해서 효과가 크고, 적은 비용을 썼다고 해서 효과가 작은 것은 아니다. 최소의 비용으로 최대의 효과를 낼 수 있는 광고 매체는 얼마든지 있다. 마케팅 자동화 시스

템이 구축되어 있는 회사라면 걱정이 없겠지만 그렇지 않다면 일단 스
폰서 광고를 활용해보기 바란다.

스폰서 광고
집행 노하우

페이스북 스폰서 광고는 텍스트와 이미지뿐만 아니라 동영상도 활
용할 수 있어 다양한 잠재고객의 니즈를 충족시킬 수 있다. 광고 목표

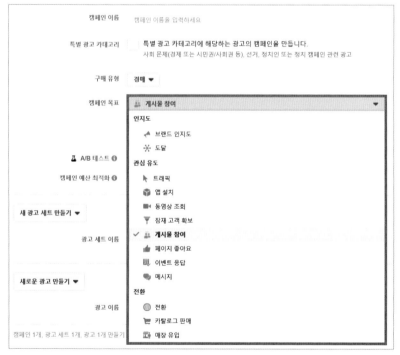

▲ 페이스북 스폰서 광고 설정 화면. 광고 목표는 크게 '인지도' '관심 유도' '전환' 세 가지로 나뉜다.

따라하면 매출이 따라오는 SNS 마케팅

는 크게 '인지도' '관심 유도' '전환' 세 가지로 나뉜다. 인지도 광고는 브랜딩에 효과적이며, 관심 유도 광고와 전환 광고는 '좋아요'나 트래픽을 늘리는 데 유용하다. 스폰서 광고를 통해 애플리케이션 설치를 유도할 수도 있고, 다른 웹사이트로 이용자의 유입을 유도하는 트래픽 광고를 낼 수도 있다. 이렇게 업종과 제품의 특성에 따라 맞춤형 광고를 집행해 효과적으로 매출을 창출할 수 있다. 애플리케이션 설치를 유도하기 위해서인지, 방문자 수를 늘리기 위해서인지, 동영상 조회수를 높이기 위해서인지 목표만 정확하게 설정하면 된다.

필자의 경우 강좌를 홍보하기 위해 네이버 블로그와 카페에 포스팅을 하고, 인스타그램과 연동한 페이스북 스폰서 광고를 병행해 내보내고 있다. 페이스북에서는 이미지 광고, 동영상 광고 두 가지를 병행해 며칠 후 효과가 떨어지는 광고는 삭제하고 효과가 좋은 광고는 유지한다. 시기와 상황에 따라 변수가 다양하기 때문에 똑같은 주제를 똑같은 방식으로 광고하더라도 어떨 때는 도달률이 좋고, 어떨 때는 도달률이 떨어진다. 그래서 늘 테스트를 해볼 수 있도록 스폰서 광고는 두 가

▲ 트래픽 광고를 통해 웹사이트로 이용자의 유입을 유도하는 YTN

지 형태로 동시에 집행하는 것이 좋다. 예를 들어 100만 원을 광고비로 책정했다면 두 가지 광고에 각각 50만 원씩 할당해 효율이 좋은 광고를 추리는 식이다. 이렇게 스폰서 광고를 통해 잠재고객의 전화번호, 이메일 주소 등을 확보한 이후에는 그들만을 대상으로 또 다른 강좌를 개설해 소개하는 방식으로 광고를 이어나가고 있다.

페이스북 광고의 도달률은 점점 떨어지고 있는 추세인데, 필사의 경험상 현재는 평균 1.4% 정도인 것 같다. "그렇게 도달률이 낮은데 왜 스폰서 광고를 해야 하나요?"라고 물어볼 수도 있다. 스폰서 광고의 장점은 세밀한 타기팅이 가능하다는 것이다. 도달률이 똑같이 1%대여도 불특정 다수를 대상으로 한 광고보다 잠재고객을 대상으로 집행된 스폰서 광고의 효율이 훨씬 좋다. 스폰서 광고는 단골을 확보하기에도 유리하다. 예를 들어 필자처럼 고객의 데이터를 확보하고 싶다면 관심유도 광고 중 '잠재고객 확보' 광고를 집행하면 된다. 수신 거부를 하지 않고 꾸준히 광고로 유입되는 잠재고객은 충성고객이 될 가능성이 가장 높은 사람들이다. 이들의 데이터를 모아 체계적으로 관리한다면 매출 성장에도 큰 도움이 될 것이다.

잠재고객 확보를 통한 타기팅 광고 전략

누군가 "무료로 바쁜 당신을 위한 아침식사를 준비했습니다."라는 광고를 내면서 전화번호와 주소지를 요청한다면 당신은 과연 기꺼이 정보를 제공할 것인가? 만일 당신이 아침을 꼭 챙겨 먹는 스타일이라면 정보 제공에 응할 가능성이 높을 것이다. 당신의 정보를 확보한 이 회사는 도시락을 배송해주면서 음식에 대한 자세한 정보를 담은 동영상 링크를 보내거나 회사가 운영하는 홈페이지 주소를 안내할 것이다. 정보 제공에 응한 잠재고객이 모두 단골이 되지는 않겠지만 도시락을 먹고 만족스러운 후기를 남겨준다면 회사는 크게 만족하지 않을까? 이렇게 아침식사를 거르지 않는 잠재고객들이 모이고 모여 단골이 늘어난다면 해당 회사는 불황에도 흔들림 없이 사업을 영위하게 될 것이다.

"세상에 공짜 싫어하는 사람은 없다."라는 말이 있듯이 무료로 유용한 무언가를 제공해주는 마케팅은 실패하는 법이 없다. 필자의 경우에는 정보 제공을 조건으로 'SNS 마케팅 백문백답'이라는 자료를 무료로 제공하고 있다. 이렇게 확보한 고객들만 잘 관리해도 꾸준히 비즈니스를 성장시킬 수 있다. 예를 들어 음식점을 개업한다면 식사권이나 할인권을 주는 식으로 정보 제공을 요청할 수도 있다. 이러한 방식으로 잠재고객의 데이터를 매달 50명씩 확보한다면 1년이면 무려 600명이고, 매달 100명씩 확보한다면 1년이면 무려 1,200명이 된다. 이는 결코 작은 결실이 아니다. 1인 기업이라면 이 600~1,200명만 만족시켜도 남부럽지 않게 매출을 올릴 수 있다.

재차 강조하지만 스폰서 광고는 나의 비즈니스에 '관심 있는' 사람들만 추려서 타기팅할 수 있는 굉장히 효율이 좋은 온라인 광고다. 총 9개의 관심사에 따라 세부적으로 상세 타기팅이 가능하다는 장점이 있다. 9개의 관심사 카테고리는 다음과 같다.

1. 가족 및 결혼, 연애 상태

2. 비즈니스 및 산업

3. 쇼핑 및 패션

4. 스포츠 및 야외활동

5. 식품 및 음료

6. 엔터테인먼트

7. 취미 및 활동

8. 테크놀로지

9. 피트니스 및 웰빙

예를 들어 다이어트 도시락을 판매하고 있다면 '피트니스 및 웰빙'을 관심사로 설정하거나 '식품 및 음료'를 관심사로 설정해 광고를 집행하면 된다. '피트니스 및 웰빙'은 다시 '달리기' '명상' '보디빌딩' '요가' '운동' '웨이트 트레이닝' '피트니스'로 나뉘며, '식품 및 음료'는 '알코올성 음료' '요리' '음료' '음식' '음식점'으로 나뉜다. 이렇게 타깃을 좁혀 확보한 잠재고객의 정보는 정말 중요한 사업 밑천이 된다.

이제 막 사업을 시작해 아직 자리를 잡지 못했다면 시간이 조금 걸리더라도, 고객의 수가 조금 적더라도 정확한 타깃을 선별해 꾸준히 스폰서 광고를 전개해보자. 필자는 강연에서 자주 "잠재고객의 정보를 확보해야 합니다. 주지 않으면 달라고 애걸해야 합니다."라고 말하곤 한다. '이렇게 좋은 제품을 공짜로 주는데 그래도 정보를 주지 않을래?' 하는 마음으로 페이스북 잠재고객 확보 광고를 진행해보자. 광고비가 부담스럽다면 소소하게 하루에 1명씩 목표를 잡아도 좋다. 한 달이면 30명이고, 1년이면 365명이고, 2년이면 730명이고, 3년이면 1,095명이 아닌가? 약 1천 명의 고객이 입소문을 내서 또 다른 단골 1천 명을 만들어줄 것이고, 그 1천 명이 다시 입소문을 내서 또 다른 단골 1천 명을 만들어줄 것이다. 이렇게 1천 명, 2천 명씩 모여 1만 명이 되고 10만 명이 되는 것이다. 꿈같은 이야기로 들릴 수 있겠지만 불가능한 일이 아니다. 무료로 무언가를 주는 데 인색하지 말자. 지금의 투자가 훗날 몇 배로 되돌아올 것이다.

카피가
중요한 이유

페이스북 스폰서 광고는 이미지 대비 텍스트의 비중이 20%가 넘으면 광고 집행 승인을 거부하고 있다. 즉 텍스트가 많은 광고는 지양하라는 메시지를 주는 셈이다. 처음에는 왜 그런 제한을 두었는지 이해가 되지 않았지만 이제는 그 이유를 알 것 같다. 긴 설명보다는 짧아도 강한 인상을 남기는 카피 1~2줄이 더 효과적이기 때문이다. 하지만 이 분야의 전문가인 마케터, 카피라이터가 아닌 이상 마음을 빼앗는 카피를 만들기가 쉽지가 않다. 안타깝게도 카피라이팅 능력은 하루아침에 만들어지지 않는다. 그래서 잘 만들어진 스폰서 광고들을 참고하고 공부하며 좋은 문장력을 키우는 연습을 해야 한다.

스폰서 광고에서 문구를 쓰는 영역은 크게 3곳으로 헤드라인을 쓰는 제목, 헤드라인 아래 서브 헤드라인 역할을 하는 설명, 본문에 해당

▲ 타깃 고객의 유입률이 높았던 필자의 스폰서 광고. 구구절절 긴 설명보다는 짧아도 강한 인상을 남기는 카피 1~2줄이 더 효과적이다.

하는 문구가 있다. 이렇게 3곳의 영역을 활용해 고객의 클릭을 유도할 수 있도록 설득력 있는 카피를 넣어야 한다.

결국 모든 구매전환은 랜딩페이지(광고 등을 경유해 접속한 고객이 최초로 보게 되는 웹페이지)에서 결정 나겠지만, 그 랜딩페이지까지 오게 하는 입구의 역할이 바로 광고다. 시험 삼아 헤드라인과 카피를 달리해 여러 개의 광고를 집행해보기 바란다. 카피에 따라 클릭률이 달라지는 것을 보면서 카피가 얼마나 중요한지 새삼 느낄 것이다.

필자는 '#배워야번다'라는 카피를 내세워 SNS 마케팅의 중요성을 알리고 있다. 이처럼 전문가가 아니더라도, 글을 잘 쓰는 카피라이터가 아니더라도, 기획을 잘하는 기획자가 아니더라도 누구나 공감할 수 있는 스토리를 담아 문구를 만들 수 있다. 물론 한두 번 시도해서 완벽한 카피를 만들 수는 없다. 하나의 좋은 광고를 만들기 위해서는 수많은 시행착오를 겪어야 하며, 다양한 사례를 벤치마킹해야 한다. 획획 빠르게 뉴스피드를 넘기는 사람들의 손가락을 멈추게 하는 것은 결코 쉬운 일이 아니다. 문장력을 키우는 가장 빠른 방법은 실전 경험을 많이 쌓는 것이다. 두려워하지 말고 지금 당장 도전해보자.

SNS MARKETING

PART 4

인스타그램 마케팅의 모든 것

고객에게 빨리,
그리고
자주 말하라.
_ 윌리엄 리글리 2세
(William Wrigley Jr.)

사진 한 장으로 고객을 사로잡다

'사진 한 장으로 마케팅이 된다고?' 인스타그램에 대한 필자의 첫인상은 이랬다. 그러나 직접 활용해보니 왜 인스타그램에 그렇게 많은 사람들이 열광하는 알 수 있었다. 군더더기 없이 간편하게 사진 한 장만으로도 소통할 수 있어 매력적이었고, 딱 요즘 젊은층의 입맛에 맞는 플랫폼이라는 생각이 들었다. 블로그와 페이스북이 풍부한 정보성 콘텐츠로 이용자들을 끌어 모았다면 이제는 특정 주제의 이미지를 예쁘게 큐레이션해 공유하는 인스타그램이 인기를 얻는 시대가 되었다. 인스타그램의 이용자들은 구구절절 텍스트를 늘어놓지 않는다. 이들은 예쁜 사진 한 장으로 빠르고 간편하게 소통한다.

인스타그램
전성시대

인스타그램(instagram)은 즉석카메라(instant camera)와 전보(telegram)의 합성어로, 2010년 10월 6일 "세상의 모든 순간들을 포착하고 공유한다."라는 슬로건을 내걸고 정식으로 론칭했다. 인스타그램의 가장 큰 특징은 보통의 모바일 기기에서 사용하는 16:9 비율보다 폴라로이드 사진처럼 정사각형의 사진을 권장한다는 것이다. 또한 인스타그램은 모바일 디바이스용으로 고안된 최초의 SNS로, 웹사이트를 통해 탄생한 다른 SNS와 달리 모바일 환경에 최적화되어 접근성을 높였다. 2011년 1월에는 해시태그(hashtag) 기능을 추가해 이용자들이 손쉽게 콘텐츠를 분류하고 찾을 수 있도록 했으며, 2012년 4월에는 페이스북에 10억 달러에 인수되어 현재까지 독보적인 위치를 구가하고 있다.

그런데 최근 많은 사업자들이 인스타그램에 도전했다가 실패를 맛보고 있다. 카메라를 들고 이것저것 찍으며 호기롭게 도전하지만 좀처럼 팔로워가 늘지 않아 금세 포기하는 경우가 많다. 그 이유는 인스타그램을 너무 쉽고 만만하게 생각했기 때문이다. 그저 사진 하나 올리고 해시태그 몇 개만 쓰면 전부인 채널로 여겼다면 지금이라도 생각을 바꿔야 한다.

인스타그램은 겉으로 보기에는 참 쉽다. 게시물 하나 올리는 데 들어가는 시간이 과연 몇 분이나 될까? 사진만 있다면 1분도 채 걸리지 않는다. 이렇게 뚝딱 게시물을 올릴 수 있으니 부지런하지 않아도 얼마든지 포스팅이 가능하다. 실제로 어떤 회사의 계정은 하루에 3~4개

▲ 필자의 인스타그램 계정(왼쪽)과 피드(오른쪽). 인스타그램은 겉으로 보기에는 쉽지만 실제로는 그렇지 않다.

는 기본이고 10개 이상 포스팅을 남발하기도 한다. 그런데 접근성이 뛰어나고 사용하기 쉽다는 건 반대로 그만큼 경쟁자가 많다는 뜻이다. 전 세계 10억 명이 사용하는 SNS인 만큼 내 콘텐츠가 눈에 띄기란 쉽지 않다. 하물며 상업적인 목적으로 접근하려 한다면 더더욱 마음가짐을 달리해야 한다. 인스타그램은 특히 여성 이용자의 비율이 높아 뷰티 업종 등 여성을 타깃으로 한 회사라면 필수적으로 운영해야 한다. 이미 많은 기업들이 브랜딩을 위해 인스타그램 마케팅에 뛰어든 상태이며, 상대적으로 광고에 대한 거부감이 덜해 전문가들에게 여타 플랫폼보다 매력적인 시장으로 인식되고 있다.

인스타그램 세상을 찬찬히 둘러보자. 인스타그램도 페이스북과 마찬가지로 판매자와 소비자가 뉴스피드에 한데 뒤엉켜 있다. 내 뉴스피드에는 팔로우한 인스타그래머의 콘텐츠와 광고가 함께 노출되고, 내가 올린 콘텐츠는 팔로워들의 뉴스피드에 노출되는 구조다. 당신은 어떤 게시물에 손가락이 멈추는가? 손가락이 멈추면 보통 프로필로 넘어가 팔로우 여부를 결정하게 되고, 그렇게 팔로워가 더 많이 늘어날수록 영향력도 커진다.

예를 들어 옷에 관심이 많아 인스타그램에서 '#가을코디'로 검색을 했다고 가정해보자. 제일 먼저 보이는 것은 '인기 게시물'이다. 인기 게시물은 해시태그 내에서 '좋아요'와 댓글이 많은 콘텐츠를 추려낸 것이고, '최근 게시물'은 말 그대로 콘텐츠를 최근 순으로 정렬한 것이다. 팔로워가 적은 초보 인스타그래머의 사진은 특별한 변수가 없는 한 최근 게시물로 노출될 수밖에 없다. 그러나 최근 게시물은 상단에서 '최근 게시물' 메뉴를 눌러야 볼 수 있기 때문에 인기 게시물에 비해 상대적으로 도달률이 낮다. 많은 사업자들이 인스타그램 운영을 도중에 포기하는 이유가 여기에 있다. 자신의 콘텐츠가 인기 게시물에 오르지 못하니 묻히게 되고, 팔로워 확보에도 어려움을 겪기 때문이다.

결국 인스타그램 마케팅은 사진 한 장으로 불특정 다수의 누군가를 내 프로필까지 오도록 유도하는 과정이라고 할 수 있다. 프로필까지 오게 되면 팔로우 버튼을 누르거나, 링크를 통해 랜딩페이지로 유도할 수 있어 브랜딩에 큰 도움이 된다. 만일 가을 코트를 파는 사업을 하고 있다면 '#가을코디'로 유입된 이용자들이 바로 당신의 잠재고객일

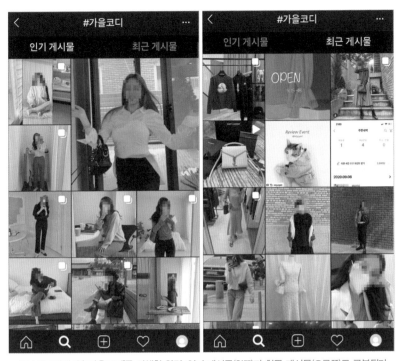
▲ 인스타그램에서 '#가을코디'를 검색한 화면. 인기 게시물(왼쪽)과 최근 게시물(오른쪽)로 구분된다.

것이다. 유입된 잠재고객은 당신의 피드에 보이는 상품 사진을 보면서 구매 여부를 고민하게 된다.

인스타그램은 네이버 블로그, 페이스북, 유튜브와는 운영 방식과 구조에서 분명한 차이를 보인다. 필요한 키워드를 치고 들어가 원하는 정보를 골라 보는 기존의 검색엔진과 달리 인스타그램은 시간이 남거나 특별히 할 게 없어도 심심해서 들어가는 이용자들이 많다. 이용자가 해시태그를 검색해 원하는 사진을 고르기도 하지만 보통은 뉴스피드에 노출된 사진 중 마음에 드는 것을 고르는 경우가 많다. 즉 최대한 많은 사람들에게 콘텐츠가 노출될 수 있도록 팔로워를 늘리는 것이 중요하다.

인스타그램은
인스타그램답게

페이스북에 처음 들어가면 상단에 '지금 무슨 생각을 하고 계신가요?'라는 문구가 뜬다. 페이스북은 이렇게 '너 지금 뭐하고 있어? 그 생각을 여기에 써봐!'라며 포스팅을 유도하는데, 이는 페이스북을 관통하는 철학이기도 하다. 반면 인스타그램은 하단에 '+' 버튼을 눌러 사진을 올리도록 구성되어 있다. 사람의 '생각'을 쓰게 하는 페이스북과 달리 인스타그램은 사람이 찍은 '사진'을 올리라고 요구한다. 사진을 중심으로 하는 플랫폼인 만큼 사진에 더 신경 써야 하는 것은 당연한 일이다.

친구라는 이름으로 관계를 맺어 서로의 생각을 공유하는 페이스북은 사람과 사람 사이의 관계 속에서 소통이 이루어지다 보니 때로는 피로감이 들기도 한다. 페이스북 친구가 쓴 한 문장 한 문장에는 그 사람의 감성과 주장이 실려 있기 때문에 함께 동조하지 않으면 관계가 멀어지는 현상이 발생하기도 한다. 특히 정치·사회적인 문제에 대한 내용이라면 더욱 그렇다. 사람마다 각자 가지고 있는 기준이 다르고 사회를 바라보는 시선도 다르기 때문에 모든 친구들과 생각이 일치할 수는 없다. 많은 페이스북 이용자들이 인스타그램으로 넘어간 이유도 이런 부분에서 피로감을 느끼기 때문일 것이다. 인스타그램은 페이스북보다 가벼워 부담이 없고, 다중 계정 활용이 수월해 많은 사랑을 받고 있다(페이스북은 2개 이상의 계정을 만들 경우 내부 규정에 따라 삭제된다).

따라하면 매출이 따라오는 SNS 마케팅

인스타그램은 자기 생각을 상대방에게 일방적으로 강요하지 않는다. 설사 강요한다 해도 텍스트보다는 이미지가 핵심이다 보니 자세히 안 읽고 그냥 넘어갈 수 있다. 주로 '나 여기에 갔다 왔어.' '나 이런 거 먹었어.' '나 이런 옷 입었어.' '우리 강아지가 이렇게 예뻐.' 등 사진을 찍어 알리는 플랫폼인지라 페이스북만큼 부담스럽지 않다. 사람의 생각을 말하는 게 아니라 그저 사진을 올리는 것이기 때문에 서로 마음 상할 일도 없다. 그런데 가끔 어떤 사업자는 인스타그램을 페이스북처럼, 페이스북을 인스타그램처럼 운영하고는 한다. 이는 아주 잘못된 접근 방식이다.

인스타그램 마케팅의 대표적인 성공사례로 자주 언급되는 회사가 있다. 바로 이니스프리다. 이니스프리 공식계정이 인스타그램에서 많은 사랑을 받고 있는 이유는 인스타그램을 인스타그램답게 운영하기 때문이다. 이니스프리의 공식 홈페이지와 인스타그램 콘텐츠를 비교해보자. 웹사이트에서는 자신들의 정체성을 긴 글로 설명하고 있지만 인스타그램에서는 그렇지 않다. 예쁜 사진에 짧지만 핵심만 담은 몇 줄의 글을 곁들여 포스팅하고 있다. 만일 긴 글로 브랜드를 어필하며 인스타그램을 웹사이트처럼 운영했다면 지금처럼 100만 명에 가까운 팔로워는 모을 수 없었을 것이다.

인스타그램은 다른 SNS와 구분해 인스타그램에 맞는 전략으로 운영해야 한다. 가장 흔히 하는 실수가 인스타그램에 올린 게시물을 자신이 운영하는 페이스북 개인계정이나 페이지에 그대로 연동하는 경우다. 인스타그램은 사진을 올리고 해시태그를 30개까지 적을 수 있다. 그렇게 올린 인스타그램의 게시물이 페이스북으로 연동되면 페이

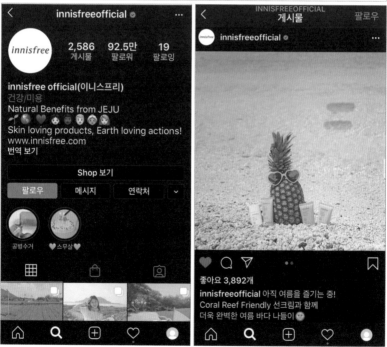

▲ 이니스프리의 공식 홈페이지(위)와 인스타그램 공식계정(아래)

스북에서는 사진 한 장과 아무런 설명 없이 해시태그만 쭉 나열되어 노출된다. 서로의 생각을 글로 공유하는 페이스북에서 아무 텍스트 없이 사진 한 장과 해시태그만 잔뜩 있는 콘텐츠가 올라오면 친구들의 반응이 좋을 리 없다.

당연한 이야기지만 페이스북에는 페이스북 이용자들이 원하는 것을 올리고, 인스타그램에는 인스타그램 이용자들이 원하는 것을 올려야 한다. 원하는 것이 분명 다른데 귀찮다는 이유로 페이스북과 인스타그램을 똑같은 방식으로 운영해서는 안 된다. 때때로 "최근에 페이스북이 쇠퇴하고 있다는 말이 있던데, 그냥 인스타그램에 집중하면 안 되나요?"라는 질문을 받기도 한다. 그러나 이는 그저 '카더라'다. 아직도 많은 기업들이 페이스북에서 광고를 집행하고 있고, 페이스북과 인스타그램을 병행해 광고를 집행하는 추세다. 유튜브를 포함해 당분간이 세 가지의 SNS는 서로 각자의 영역을 지키며 함께 성장할 것으로 보인다. 또한 페이스북과 인스타그램은 같은 회사이기 때문에 함께 운영하면 스폰서 광고 집행이 편리한 것과 같은 장점이 많다.

필자만 하더라도 특정 강좌를 열기 위해 페이스북, 인스타그램, 유튜브에 함께 광고를 내고 있다. 페이스북에 광고를 낼 때는 사진보다는 글에 주안점을 두고, 인스타그램에서는 페이스북에 쓴 사진보다 더 직관적이거나 감성적인 사진을 활용한다. 이처럼 페이스북은 페이스북답게, 인스타그램은 인스타그램답게 이용해야 한다. 다소 귀찮고 품이 많이 드는 것은 사실이지만 마케팅 효율을 높이기 위해서는 어쩔 수 없다.

손가락을 멈추게 하는
사진이 포인트

길을 걷다 멋진 풍경을 보면 "와, 예쁘다!"라는 감탄사와 함께 걸음을 멈추게 된다. 골목을 걷다 인테리어가 예쁜 카페가 보이면 들어가서 커피를 마시고 싶고, 광고지에서 세련된 IT 기기를 보면 괜히 사고 싶은 욕구가 생긴다. 인스타그램도 마찬가지다. 앞서 블로그, 페이스북에서 잠재고객의 유입을 높이기 위해 소비자에게 유용한 콘텐츠를 올려야 한다고 강조했었다. 반면 인스타그램은 유용한 무언가보다는 예쁘고 세련된 사진이 더 중요한 곳이다(물론 유용한 콘텐츠도 팔로워를 모으는 데 도움은 된다).

그럼 인스타그램은 사진을 잘 찍는 사진작가들만 득세하는 곳일까? 꼭 그렇지 않다. 물론 사진을 잘 찍으면 좋겠지만 모든 인플루언서가 사진을 잘 찍는 것은 아니다. 이용자들은 마치 예술 작품을 보듯이 사진을 평가하지 않는다. 인기 게시물을 둘러보면 알겠지만 전문가처럼 찍은 사진만 선호하지 않으며, 퀄리티가 떨어지더라도 사랑받는 사진이 있다. 사진만으로도 충분히 스토리텔링이 가능하기 때문에 보는 사람으로 하여금 미소를 짓게 만드는 일상 사진도 좋고, 소박하지만 자연스럽게 찍은 가족 사진도 좋다. 대상을 보며 함께 공감할 수 있는 장면을 찍어 올린다면 그 가치는 배가되어 많은 공감을 이끌어 낼 것이다.

인스타그램을 해본 경험이 없다면 감이 잘 오지 않을 것이다. 일단 갖고 있는 사진을 올려 이용자들의 반응을 살펴보자. 그러려면 우선

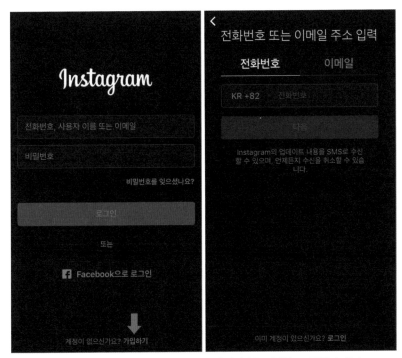

▲ 인스타그램 가입 화면. 페이스북 계정과 연동하거나 전화번호, 이메일로 가입할 수 있다.

인스타그램에 가입해야 한다. 방법은 간단하다. 인스타그램 애플리케이션을 다운로드한 뒤 가입을 진행하면 된다. 페이스북 계정과 연동하거나 전화번호, 이메일로 가입할 수 있다. 페이스북 친구, 저장된 연락처가 연동되는 것이 부담스럽지 않다면 연동하는 것을 권한다. 초반에 팔로워를 모으기 수월하기 때문이다.

처음 인스타그램에 가입하면 어떤 사진을 올려야 할지 몰라 굉장히 막막할 것이다. 취미로 인스타그램을 한다면 자유롭게 일상을 찍어 올려도 되지만 마케팅을 목표로 비즈니스 계정을 운영한다면 가급적 사업과 관계없는 사진은 올리지 않는 것이 좋다. 개인계정을 함께 운영

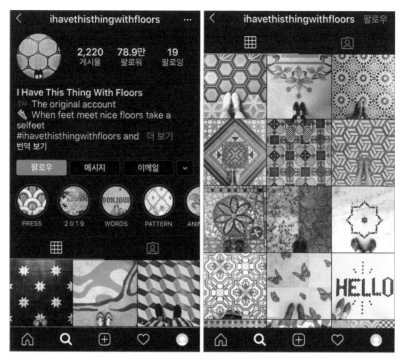

▲ 'ihavethisthingwithfloors' 계정은 자신의 발과 예쁜 바닥을 함께 찍은 사진을 올린다.

해 브랜딩을 하는 방법도 있지만 비즈니스 계정 하나만 운영한다면 한 가지 주제를 가지고 일정한 콘셉트를 유지하는 게 바람직하다.

전문가가 아닌 이상 사진은 멋지게 잘 찍기가 참 어렵다. 필자 또한 사진에 대한 전문 지식이 없어 가타부타 말할 처지는 아니지만 인기 게시물을 분석해보면 어떤 사진이 이용자들에게 사랑받는지 알 수 있다. 낯선 무언가를 찍은 사진보다는 주로 사람들에게 친근한 풍경, 인물 등이 대상인 사진이 반응이 더 좋은 편이다. 뻔한 사진일지라도 그 안에서 나름대로 독창성을 찾아야 한다. 예를 들어 어떤 문양이 새겨진 조형물을 찍었다면 보다 가까이 다가가서 특정 모양을 크게 찍는다든지, 그 형상의 숨겨진 다른 부분을 크게 촬영한다든지 약간의 변화만 주더라도 신선하게 느껴질 수 있다. 어떤 사업자는 제품 사진을 올릴 때 상하좌우뿐만 아니라 뒷면 등 특정 부분을 세세하게 촬영하는 방식으로 콘텐츠를 만들기도 한다.

독특한 콘셉트로 많은 사람들에게 사랑받는 계정이 있다. 바로 'ihavethisthingwithfloors' 계정이다. 암스테르담에서 콘텐츠를 만드는 이 계정의 팔로워는 무려 80만 명에 육박한다. 그녀는 길거리에서 아름다운 바닥을 발견하면 자신의 발과 함께 사진을 찍어 인스타그램에 올린다. 전문가처럼 사진을 잘 찍지 못하더라도 그녀처럼 자신만의 개성을 잘 살리면 충분히 많은 팔로워를 확보할 수 있다.

▲ 여러 장의 사진을 모아 피드를 차별화한 필자의 계정

사진 한 장으로 이목을 끌기 어렵다면 피드를 차별화하는 방법도 있다. 모자이크처럼 여러 장의 사진을 올려 피드에서 봤을 때 하나의 큰 사진으로 보이게 하는 것이다. 필자처럼 음식이나 특정 장소의 사진을 조각조각 올려 피드를 꾸며도 좋고, 업종에 따라 피트니스 기구를 사용하는 사진이나 펜션 사진 등을 활용해도 좋다.

현실적으로 대부분의 사업자는 사진에 문외한이다. 관련 마케팅 경험이 많다면 다행이지만 대부분은 생초보에 가깝다. 따라서 늘 공부하는 마음으로 어떻게 사진을 찍어야 눈길을 끌 수 있을지 고민해야 한다. 예를 들어 웨딩플래너 사업을 하고 있다면 단순히 예식장 사진이나 결혼식 사진만 올릴 게 아니라 사진에 어떤 스토리를 담을 수 있을지 고민해봐야 한다. 연인, 결혼, 만남 등 사업과 연관된 소재를 활용해 콘텐츠를 만들어야 경쟁력이 있다. 커플을 대상으로 서로를 바라보는 환한 얼굴이나 마주잡은 손 등을 활용하는 방법도 있을 것이다. 처음에는 막막하겠지만 일단 도전해보자. 아무것도 시도하지 않으면 결코 성공할 수 없다. 지금 앞서가고 있는 인플루언서들 또한 처음부터 성공가도를 달린 경우는 거의 없었다. 일단 많이 찍고 많이 올려야 어떤 사진이 경쟁력 있는지 알 수 있다.

차별화된 콘셉트의 중요성

필자의 강의를 들었던 수강생 중 수입 페인트를 전문으로 사용하는 도장공이 있었다. 그는 사업을 홍보하기 위해 인스타그램을 하고 있는데 도통 성과가 없어 고민이 많다고 했다. 계정을 살펴보니 별다른 콘셉트, 스타일 없이 자신이 일하는 모습, 페인트 제품을 사진으로 찍어 올리는 것이 전부였다. 필자는 강의를 통해 컬러 페인트를 콘텐츠로 활용해보자는 제안을 했고, 그때부터 그는 통일성 있게 다채로운 색감을 활용한 콘텐츠를 만들었다.

스마트폰 화면으로 피드의 사진은 스마트폰 화면 크기에 따라 12~15개가 보인다(가로 3줄, 세로 5줄. 이 중 첫 번째 줄 또는 마지막 줄의 사진은 반 정도가 잘려서 보인다). 필자의 강의를 들은 후 그는 15개 사진의 통일

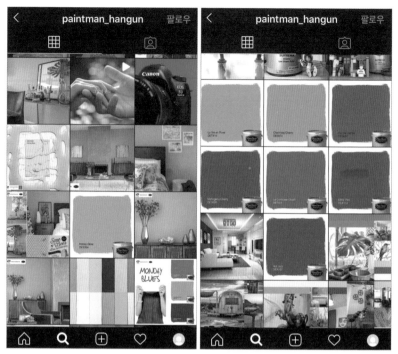

▲ 통일성 있게 다채로운 색감을 활용해 콘텐츠를 만든 'paintman_hangun' 계정

성을 고려한 컬러 마케팅을 시도했다. 중간중간 홍보 콘텐츠를 올리고, 다시 15개의 사진을 통일감 있게 구성하는 식으로 꾸준히 반복해서 포스팅을 했다. 이후 그는 'paintman_hangun' 계정으로 작업 문의가 쇄도해 매출이 크게 올랐다는 소식을 전해주었다.

인스타그램에 올릴 사진은 한눈에 딱 알아보고 감탄이 나올 만큼 직관적이어야 한다. 생각을 많이 해야 하는 어려운 사진이나 복잡한 설명이 필요한 것은 되도록 피하는 것이 좋다. 다른 SNS라면 유입된 이용자에게 어떤 유익함(관련 정보, 할인 쿠폰, 사은품 등)을 줄 수 있을지 고민해야 하지만 인스타그램은 그렇지 않다. 스타일이 좋고 사진이 예쁘면 팔로워와 매출은 자연스럽게 따라온다.

　제품의 외관이 중요한 업종이라면 따로 사진과 관련된 교육을 받는 것도 좋은 방법이다. 하다 못해 패션 잡지나 인테리어 잡지 등을 보며 전문가들이 앵글을 어떻게 다양하게 쓰는지 살피는 것만으로도 큰 공부가 된다. 사진 실력이 나빠도 일관된 주제로 꾸준히 포스팅을 하면 관심사가 비슷한 팔로워는 저절로 모이게 된다. 예를 들어 회사를 다니면서 자신의 회사 생활을 찍어 올리는 인스타그래머 A가 있다고 가정해보자. 패션에 관심이 많은 A는 자신이 입은 옷을 '#출근룩'이라는 해시태그를 달아 올렸고, 회사에서의 일상을 '#직장인스타그램' 해시태그를 달아 올렸다. 그러자 특이한 일이 벌어졌다. 어느 순간 DM(다이렉트 메시지)을 통해 오늘 입은 옷은 어떤 브랜드인지, 회사 생활에 따로 노하우는 없는지 등의 문의가 들어오기 시작한 것이다. A는 처음에는 친절하게 일일이 DM으로 답변을 주었지만 나중에는 질문이 너무 많아져 따로 블로그를 개설해 Q&A 콘텐츠를 만들어 올렸다. 이후에도 또래 직장인들의 문의는 끊이지 않았고 A는 결국 팔로워들의 니즈를 사업화해 의류 쇼핑몰을 창업한다. 이렇게 인스타그램을 통해 자신의 비즈니스를 키우는 사례가 주변에 의외로 많다.

　중요한 것은 사람들이 좋아할 만한, 공감할 만한 분야를 선택해서 관련된 콘텐츠를 꾸준히 발행하는 것이다. 직장인 A처럼 옷을 좋아하면 옷과 관련된 자료를, 프라모델을 좋아한다면 프라모델에 대한 자료를 지속적인 업로드해야 한다. 자신만의 피드 스타일은 그렇게 완성된다. 이런 식으로 당신의 사업에 관심이 많은 팔로워를 꾸준히 모은다면 그것이 곧 비즈니스 성과로 연결될 것이다.

핵심은
콘셉트다

달리기 동영상과 사진을 올리는 인스타그래머 B가 있었다. B는 돈을 들이지 않고 건강해질 수 있는 방법은 없을까 고민하다가 달리기를 시작했다. 소소하게 매일 달리는 동영상과 사진을 인스타그램에 올리고 자신의 몸무게, 체지방의 변화를 공개했다. 이렇게 몇 달간 반복해서 포스팅을 하자 어느 순간 많은 사람들이 자신을 따라하고 있다는 사실을 알게 되었다. 몸무게, 체지방의 변화를 공개하면서 자연스럽게 달리기의 효용성이 알려졌고, 운동에 관심이 있는 많은 사람들이 B를 팔로우했다. 댓글의 내용은 온통 달리기와 운동에 대한 공통의 관심사로 귀결되었고, 그렇게 자연스럽게 B의 계정은 '달리기' '운동' '다이어트'라는 콘셉트를 갖게 되었다.

당신이 누군가의 쇼핑몰에 접속했는데 거기서 컴퓨터도 팔고, 건강식품도 팔고, 의류도 판다면 판매자를 신뢰할 수 있겠는가? 아마도 '이게 뭐지?'라는 의아함을 가지게 될 것이다. 블로그, 페이스북, 인스타그램, 유튜브 등 여타 채널도 마찬가지다. 사람들은 특정 분야에 대해 꾸준히 콘텐츠를 발행하는 인플루언서의 글을 신뢰하며 전문가라고 생각한다. 물론 전문가들도 가끔씩 자신의 일상이나 다른 분야의 이야기를 올리기도 하지만 대부분 특정 콘셉트를 크게 벗어나지 않는 선에서 계정을 운영한다.

인스타그램도 마찬가지다. 달리기를 좋아하는 B가 관련 콘텐츠를 꾸준히 올리자 많은 사람들이 흥미를 보이며 팔로워가 되었다. 사람들은 B에게 운동용품, 운동 노하우, 달리기의 효과 등을 물을 뿐 뜬금없이 컴퓨터, 의류 등에 대해 문의하진 않을 것이다. 특정 업종에 종사하는 사업자도 B와 같은 마인드로 인스타그램을 운영해야 한다. 자신의 업종에서 전문가로 인정받아 해당 분야에 관심 있는 사람들이 몰린다면 저절로 홍보가 된다. 동기 부여에 대한 강의를 하는 사람이라면 힘들어하는 사람들을 위한 좋은 글이나 성공사례 등을 올리면 되고, 여행 가이드라면 자신이 경험한 각 나라의 명소를 이미지나 동영상으로 찍어 올리면 될 것이다. 식품을 만드는 회사라면 각 나라의 음식을 소개하고 리뷰하는 콘텐츠를 올려 음식에 관심이 많은 사람들을 모으면 된다.

이렇게 한 가지 콘셉트에서 파생한 소재들로 콘텐츠를 만들어 피드를 구성할 수 있다. 과수원을 운영한다면 과수원에서 재배하는 다양한 과일이 소재일 것이다. 과일을 키울 때 들이는 노력과 노하우 등을 떠올리면 연관된 콘텐츠를 발견할 수 있지 않을까? 소상공인, 중소기업 등이 인스타그램을 운영할 때 흔히 실수하는 것들이 있다. 인스타그램을 너무 개인적인 일상을 알리는 데 쓰는 것이다. 이는 브랜드를 알리는 데 적절하지 않은 방법이다. 만약 너무 상업적으로 보일까 봐 비즈니스 이야기를 하지 못하겠다면 다른 관련 이야기로 우회해서 잠재고객을 모으면 된다. 콘텐츠가 충실하고 흥미 있다면 해당 분야에 관심 있는 사람들이 팔로워가 될 것이고, 댓글과 DM으로 여러 가지를 문의하게 된다. 자신의 사업과 전혀 상관없는 일상, 취미와 관련된 게시물을 보고 팔로워가 된 사람들은 당장 매출에는 직접적으로 도움이 되지 않는다. 팬덤을 이용해 매출까지 연결하려면 본인이 연예인과 같은 존

▲ 마케팅이라는 하나의 콘셉트로 관련 명언, 좋은 글 등을 올리는 필자의 계정

재가 되어야 하는데 이 역시 쉽지 않다.

인스타그램 마케팅의 핵심은 자신의 사업에 맞는 특정 계층, 특정 분야, 특정 업종에 대한 팬층을 두텁게 쌓는 것이다. 사람들은 복잡한 것을 싫어하고 단순한 것을 선호한다. 세상이 너무 빠르게 변하고 신경 쓸 일이 많은데 SNS에서까지 머리 아프고 싶지 않기 때문이다(페이스북의 이용자가 줄어들고 있는 이유이기도 하다). 자신의 업종에 맞게 관련 콘텐츠를 재미있게 올리면 사람들은 반응을 보이고 관심을 갖게 된다. 이 점을 간과하지 말자.

인스타그램의 가장 큰 장점은 매우 직관적인 채널이라는 것이다.

사람들의 욕망이 가장 잘 표출되고 마케팅 효과도 즉각적으로 나타나는 플랫폼이다. 멋진 펜션 사진이 보이면 예약 버튼을 누르게 되고, 평소 좋아하는 음식 사진이 보이면 식당 위치를 알아보게 되고, 운동 정보가 보이면 다이어트 효과에 대해 알아보게 된다. 이러한 욕구를 건드릴 수 있는 콘셉트로 꾸준히 콘텐츠를 올려야 한다.

필터만 잘 활용해도
차별화가 가능하다

스마트폰으로 찍은 사진과 DSLR 카메라로 찍은 사진의 퀄리티는 다를 수밖에 없다. 스마트폰 해상도가 좋아졌다고는 하지만 그래도 아직까지는 DSLR 카메라를 따라갈 수 없다. 그러나 그렇다고 꼭 값비싼 DSLR 카메라를 사야 하는 것은 아니다. 스마트폰 카메라의 자체 기능과 인스타그램이 제공하는 필터만으로도 충분히 좋은 사진을 만들 수 있다.

업종에 따라 피드 화면 구성, 콘셉트, 스타일 등이 달라야 하겠지만 고급스럽고 세련되면 좋다는 데 이견은 없을 것이다. 인스타그램은 자체적으로 'Nomal' 'Clarendon' 등 수십 가지의 필터를 제공하고, 간단한 편집이 가능한 수정 기능도 이용할 수 있다. 필터의 순서는 작년 한 해 가장 인기 있었던 순서로 이루어져 있다. 필자가 최근에 봤던 한 여행 계정은 'Clarendon' 필터 하나만을 활용해 모든 사진의 콘셉트를 통일했는데, 매우 세련되고 차별화된 느낌을 받았다. 인스타그램이 발

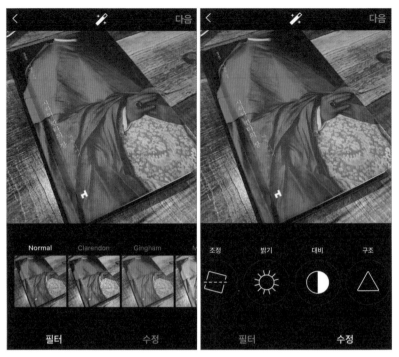

▲ 인스타그램은 사진을 꾸미는 필터(왼쪽)와 편집하는 수정(오른쪽) 기능을 제공하고 있다.

표한 통계에 따르면 아무런 필터를 사용하지 않고 원본 그대로 사진을 올리는 경우가 아직까지 많다고 한다. 정말 사진을 잘 찍는다면 모르겠지만 그렇지 않다면 필터를 활용하는 것이 좋다. 조금 번거롭더라도 필터와 더불어 채도, 밝기 등 수정 기능을 활용하면 보다 예쁜 사진을 만들 수 있다.

　인스타그램은 사진으로 자신을 표현하는 채널이다. 원본 사진이 정말 좋다면 아무런 수정 없이 올리는 것이 좋고, 본인이 생각하기에 약간 어설프다면 약간의 보정을 곁들이는 것이 바람직하다. 이렇게 자신의 피드가 특정 필터와 수정을 거쳐 일정하게 패턴화된다면 그것이 바로 차별화된 콘셉트이고 스타일이다. 아무런 특징 없는 피드는 대중의 관심을 끌기 힘들다. 지금부터라도 필터와 수정 기능을 활용하는 연습을 해보자.

IGTV로
시선을 끌어라

인스타그램에 올릴 수 있는 동영상의 길이는 최대 1분이다. 최근 인스타그램은 이러한 한계에서 벗어나기 위해 IGTV 기능을 추가했다. 어떤 새로운 SNS가 나오면 대개 새롭게 팬(이웃, 팔로워, 구독자 등)을 모아야 하는데 IGTV는 굳이 그럴 필요가 없다. 자신의 인스타그램 팔로워를 그대로 가지고 IGTV 채널을 운영할 수 있기 때문이다. 동영상을 보려고 따로 애플리케이션을 설치할 필요도 없다. 그냥 인스타그램 애플리케이션을 그대로 활용하면 된다.

필자의 경우 일반 게시물보다 IGTV를 활용했을 때 도달률이 30% 이상 증가하는 것을 볼 수 있었다. 동영상이 중요한 업종(피트니스, 뷰티 등)뿐만 아니라 모든 업종에서 IGTV를 활용한다면 훨씬 효율적으로 매출을 올릴 수 있을 것이다. 그러나 아직까지 많은 사업자들이 유튜브를 병행할지언정 따로 IGTV를 활용하지 않는 것 같아 무척 아쉽다.

음식점을 운영하고 있다면 음식 사진이 역시 가장 좋은 콘텐츠다. 하지만 음식 사진은 너무 뻔하다. 음식 사진도 좋지만 손님이 음식을 먹는 모습이나 요리사가 요리하는 모습을 동영상으로 찍어 함께 올린다면 어떨까? 네일아트 재료를 판매하는 사업자라면 재료를 활용하는 과정을 IGTV로 소개하는 것도 한 방법일 것이다. 현대인들은 정지된 이미지보다는 움직이는 동영상으로 정보를 얻길 원하는 경향이 있다. 마케팅은 사업자 자신의 생각을 자신이 편한 방식으로 표현하는 것이 아니라, 소비자들이 원하는 것을 소비자들이 원하는 방식으로 표현하는 것이다. 인스타그램은 직관적인 시진이 중요한 채널이지만 동영상을 원하는 잠재고객의 니즈까지 충족시킬 수 있다면 IGTV를 하지 않을 이유가 없다.

해시태그를 제대로
활용하는 노하우

앞서 PART 2에서 블로그 마케팅 노하우를 다룰 때 키워드의 중요성을 강조했었다. 인스타그램에서도 마찬가지다. 이름만 다를 뿐이지 인스타그램 이용자들은 게시물을 찾고 분류할 때 키워드의 역할을 하는 해시태그를 활용한다. 해시태그는 특정 단어나 문구 앞에 해시(#)를 붙여 게시물에 꼬리표를 다는 기능이다. '해시(hash)'라는 기호를 써서 게시물을 '묶는다(tag)'고 해서 해시태그라고 부른다. 해시 기호 뒤에 넣는 문구는 띄어쓰기를 하지 않는다. 하나의 게시물에 30개까지만 해시태그를 사용할 수 있고, 필자가 권장하는 적절한 사용 개수는 10개가량이다.

만약 남자 아동복을 판매하는 사업자라고 한다면 어떤 해시태그로 잠재고객을 찾겠는가? '#아동복' '#남자아동복' '#아동복마켓' 등이 떠오를 것이다. 하지만 아무리 직관적이고 홍보에 덜 민감한 인스타그램이라고 해도 너무 상업적인 냄새가 난다. 남자 아동복을 판매하는 사업자가 이런 해시태그를 쓴 사람들의 계정을 찾아가 팔로우하는 것은 무의미한 일이다. 대부분 동종 업계 종사자이거나 이미 아동복을 구매해 자랑하기 위해 올린 소비자일 확률이 높기 때문이다. 진자든 후자든 매출에는 도움이 되지 않는다.

그렇다면 남자 아동복 사업자의 잠재고객은 어떤 해시태그에서 찾아야 할까? 바로 남자아이를 둔 부모들이 자주 사용하는 '#아들바보'

▲ '#아들바보' 해시태그의 인기 게시물

해시태그다. 지금 인스타그램에서 '#아들바보' 해시태그로 검색해 그들이 운영하는 계정을 둘러보자. 대부분 일반인들이 운영하는 계정이다. 그들이 바로 남자 아동복 사업자의 핵심 타깃이다. 이처럼 해시태그를 통해 효과적으로 내 사업과 연관된 잠재고객을 찾을 수 있다. 마찬가지로 여자 아동복을 주로 취급하는 사업자라면 '#딸바보' 해시태그를 활용하면 될 것이다.

따라하면 매출이 따라오는 SNS 마케팅

소비자가 모여 있는
해시태그를 찾아라

잠재고객이 좋아하는 해시태그를 정리해 마케팅에 활용한다면 페이스북만큼 정교하진 않더라도 효과적인 타깃 광고가 가능하다. 만일 여행사를 운영하는 사업자라면 무작정 여행지를 검색해 잠재고객을 찾으려 해서는 안 된다. 판매자인 당신에게 필요한 해시태그는 같은 판매자의 계정이 모여 있는 해시태그가 아니라 여행을 좋아하는 소비자들이 모여 있는 해시태그다. 즉 판매자들이 자주 사용하는 '#여행사' '#여행지추천' '#여행지소개' 등의 해시태그는 의미가 없다는 뜻이다. 물론 그 안에도 잠재고객이 숨어 있겠지만 이왕이면 잠재고객'만' 사용하는 해시태그를 찾을 필요가 있다. 잠재고객이 많이 찾는 해시태그에 들어가 그 해시태그를 사용한 일반인들의 계정을 팔로우하고, 그들의 게시물에 '좋아요'를 누르고 댓글을 다는 등 차별화된 전략을 짜야 한다.

최근에는 해시태그를 사용하는 사업자들의 전략도 나날이 치밀해지고 있다. 예전에는 일반인들이 주로 사용하는 해시태그와 사업자들이 주로 사용하는 해시태그가 어느 정도 구분이 되었는데, 이제는 판매자들이 의도적으로 일반인들이 많이 찾는 해시태그를 사용해 구분이 힘들어졌다. 일반인과 사업자를 구분하는 방법은 무엇일까? 의외로 쉬운 방법이 있다. 내가 필요한 해시태그를 검색한 후 인기 게시물 또는 최근 게시물의 사진을 쭉 둘러보는 것이다. 모델처럼 수려한 사람을 찍어 올린 사진, 스튜디오에서 찍은 것처럼 흐트러짐 없이 잘 찍은 사진은 대체로 체험단을 운영하는 업체나 사업자들의 작품이다. 그들은 일반인인 척 콘텐츠를 올려 잠재고객을 랜딩페이지로 유도하는 전략을 취하고 있다. 이때 그들의 게시물에 댓글을 단 계정들을 쭉 살펴보자. 이들의 게시물에 댓글을 단 사람들이 바로 일반인이기 때문이다.

예를 들어 '#다이어트식단' 해시태그로 검색하면 수많은 사업자들의 홍보성 콘텐츠가 눈에 띌 것이다. 자신이 다이어트 식품을 판매하고 있다면 타 업체의 홍보 게시글에 들어가 댓글을 단 사람들을 찾으면 된다. 그들을 먼저 팔로우하고 그들이 올린 게시물에 '좋아요'를 누르는 등 적극적으로 자신을 어필해보자. 상대방은 '누군데 나를 팔로잉한 거지?' 하는 마음에 내 피드를 방문하게 될 것이다.

고객이 알아서
찾아오게 하는 해시태그

해시태그를 추적해 잠재고객을 찾는 것도 좋지만, 고객이 알아서 찾아오게 만드는 해시태그를 활용해 콘텐츠를 만드는 방법도 있다. 본인이 주로 사용하는 해시태그를 인스타그램에서 검색하면 경쟁업체, 일반인들의 연관 해시태그를 확인할 수 있다.

예를 들어 가을 옷을 판매하는 사업자라면 게시물에 '#가을옷' '#가을코디' 해시태그를 활용할 것이다. 이때 다른 사람들이 많이 사용하는 해시태그를 찾고 싶다면 '#가을옷' '#가을코디'를 검색해보면 된다. '#가을옷'의 경우 연관 해시태그로 '#가을옷코디' '#가을옷신상' '#가을

▲ 인스타그램에서 '#가을옷'과 '#가을코디'를 검색한 화면. 연관 해시태그와 게시물의 수를 확인할 수 있다.

옷마켓' 등이 보이고, '#가을코디'의 경우 연관 해시태그로 '#가을코디여자' '#가을코디남자' '#가을코디추천' 등이 보인다. 해당 해시태그로 몇 개의 게시물이 있는지도 확인할 수 있어 사용할 해시태그를 선택하기 용이하다.

오프라인 매장이 있다면 '#대구' '#부산' '#강남' 등 반드시 지역명을 같이 쓰는 것이 좋으며, 지역명 키워드 뒤에 다른 키워드도 함께 쓸 수 있다. 해시태그는 키워드가 길더라도 띄어쓰기가 되지 않아 '#대구_여행' '#부산_맛집' '#강남_유명한_카페' 등 언더바(_)로 띄어쓰기를 대신하기도 한다.

참고로 유명한 해시태그라고 해서 무조건 좋은 것은 아니다. 앞서 '#가을옷' 해시태그의 경우 게시물 수만 40만 개가 넘었고, '#가을코디'는 이보다 2배 많은 84만 개였다. 이러한 해시태그는 인기 게시물 경쟁이 굉장히 치열해 내 콘텐츠가 눈에 띄기 어렵다. 규모가 작은 해시태그부터 공략해 어느 정도 팔로워를 늘린 후 점차 큰 해시태그에 도전하는 편이 낫다.

적절한 해시태그를 찾았다면 이제 게시글에 잘 활용하기만 하면 된다. '사진만 올리면 사람들이 알아서 찾아오겠지.' 하고 생각하면 오산이다. 인스타그램의 이용자들은 서로 해시태그를 통해 연결된다는 것을 잊지 말자. '홍대 이태원 놀자'라는 콘셉트로 운영되고 있는 'hong_sool' 계정의 게시물을 보자. '#망원동술집' '#망원동맛집' '#망원동파스타' '#망원동레스토랑' 등 타깃 고객을 겨냥한 굉장히 직관적이고 좋은 해시태그를 사용하고 있다. 이렇게 게시물을 올리면 망원동에서 분위기 좋은 술집을 찾는 사람들이 몰리게 될 것이다.

▲ 'hong_sool' 계정의 게시물. 해시태그를 잘 활용한 사례다.

▲ 필자의 인스타그램 프로필. 프로필에는 내가 무슨 일을 하는 사람인지 분명하게 제시해야 한다.

좋은 사진과 해시태그로 유입된 잠재고객은 이제 우리의 프로필과 피드를 보게 될 것이다. 따라서 프로필에는 내가 무슨 일을 하는 사람이고, 나를 팔로우함으로써 어떤 유용한 무언가를 얻을 수 있는지 분명하게 제시해야 한다. 필자는 인스타그램 프로필에 'SNS 마케팅' '온라인 마케팅' '블로그 마케팅' '교육'이라는 키워드를 적어, 하고 있는 일은 무엇이고 어떤 부분을 배울 수 있는지 직관적으로 제시했다. 이처럼 프로필에는 콘텐츠에 다 담지 못한 비즈니스에 대한 설명이 담겨 있어야 한다. 특히 오프라인 매장을 운영하는 경우에는 반드시 장소를 기입하고, 영업시간과 브레이크타임 등을 기재해야 한다. 이런 사소할 수 있는 부분까지 꼼꼼히 챙겨야 애써 피드까지 들어온 잠재고객이 발길을 돌리는 일을 막을 수 있다.

팔로워와 '좋아요'를 늘리는 노하우

팔로워가 많다는 건 그만큼 콘텐츠를 올렸을 때 반응해 줄 팬이 많다는 뜻이다. 내가 하고 있는 사업을 최대한 널리 알려야 하는 사업자의 입장에서 팔로워가 많으면 그야말로 천군만마를 얻는 셈이다. 필자처럼 책을 집필해도 마찬가지다. 만일 어떤 작가가 신간을 냈는데 인스타그램 팔로워가 10만여 명이라면, 비용을 들이지 않고 무료로 10만여 명에게 책을 썼다는 사실을 알릴 수 있다. 블로그를 운영하고 있다면 이웃들에게, 페이스북을 운영하고 있다면 친구들에게, 유튜브를 운영하고 있다면 구독자들에게 신간 소식을 알릴 수 있다. 많은 인스타그래머들이 팔로워를 늘리기 위해 매일 바쁘게 소통하고 사진을 찍어 올리는 이유는 팔로워 수가 많을수록 그만큼 바이럴 마케팅의 위력도 커지기 때문이다. 하물며 어떤 제품이나 서비스를 알리고 팔아야 하는 소상공인, 중소기업이라면 팔로워 수의 중요성은 더더욱 커진다.

팔로워를
늘리는 비법

팔로워를 늘리는 방법 중 가장 쉽고 성공 확률이 높은 방법은 자신이 먼저 팔로우를 해 상대방의 팔로우를 유도하는 것이다. 관심사가 비슷한 사람의 계정을 팔로우하고, '좋아요'를 누르고, 댓글을 달면 상대방도 이에 응해 나를 팔로우할 확률이 높다. 인스타그램에서는 자신을 팔로우한 계정을 자신도 같이 팔로우하는 것을 '맞팔'이라고 한다. 팔로워를 늘리기 위해서는 유용한 정보를 담은 콘텐츠를 올리거나, 예쁘고 독창적인 사진을 꾸준히 올려야 한다. 자신이 갖고 있는 노하우와 정보를 아낌없이 제공해야 한다. 포스팅 하나가 당신의 평판을 좋게 만들고, 평판이 좋아질수록 기쁜 마음에 팔로우를 누르는 팬들이 늘어날 것이다.

참고로 마케팅 대행업체를 통해 비용을 지불하고 팔로워를 늘리는 것은 지양해야 한다. 우리에게 필요한 팔로워는 비즈니스에 도움이 되는 잠재고객이다. 보통 마케팅 대행업체들이 비용을 받고 늘려주는 팔로워는 유령 개인계정인 경우가 많다. 그렇게 늘린 팔로워 수는 사업에 아무런 도움이 되지 않는다. 또한 인스타그램은 가짜 개인계정을 용납하지 않는다. 주기적으로 가짜 개인계정을 정리하기 때문에 단기간에 팔로워를 늘려도 의미가 없다. 인스타그램 이용자들은 바보가 아니다. 팔로워는 1만 명이 넘는데 '좋아요'나 댓글이 10개가 채 되지 않으면 '팔로워를 사온 계정이구나.'라고 생각해 신뢰도가 떨어진다.

비용을 지불해 늘린 팔로워와 '좋아요' 수는 마케팅에 아무런 도움이 되지 않으며, 잘못하면 계정이 아예 정지될 수도 있다. 페이스북 개인계정 친구가 5천 명이고, 인스타그램 팔로워가 수만 명이라고 해도 매출에 도움이 되지 않으면 아무런 소용이 없다. 단 1천 명의 팔로워만 있어도 그들에 의해 내 콘텐츠가 자주 공유되고 소통이 활발하다면 유령 팔로워 수만 명보다 훨씬 낫다.

팔로워를 늘리는 방법을 정리하면 다음과 같다.

1. 맞팔하기

가장 고전적인 방법으로 사진을 올릴 때 맞팔과 관련된 해시태그를 사용해 맞팔을 유도할 수 있다. 관련 해시태그로는 '#맞팔' '#맞팔해요' '#맞팔환영' '#선팔' '#선팔해요' '#선팔환영' 등이 있다.

2. 이벤트 열기

서포터즈 모집 등 이벤트를 열어 팔로워 수를 늘리는 방법이다.

3. 다른 SNS 채널에 홍보하기

블로그, 페이스북, 유튜브 등 다른 SNS 채널에 인스타그램 계정을 홍보하면 효과적으로 팔로워를 늘릴 수 있다.

4. 포스팅 주기 유지하기

하루에 1개면 1개, 일주일에 10개면 10개 등 개수를 정해 꾸준히 포스팅한다. 참고로 1시간에 1개 이상 포스팅을 남발하는 것은 좋지 않다.

5. 타인의 콘텐츠에 부지런히 '좋아요' 누르기

핵심은 소통이다. 소통만 잘해도 반은 성공이다.

팔로워 관리도
가려서 해야 한다

비즈니스를 하는 사람들이 이구동성으로 강조하는 이야기가 있다. 친구, 지인을 통해 매출을 만들려는 생각은 접으라는 것이다. 이 점은 필자도 동의한다. 물론 몇몇은 열성적으로 나서서 도움을 주기도 하지만 거기에 의존해 사업을 키우려 해서는 안 된다. 인스타그램도 마찬가지다. 팔로워의 수가 매출 증진을 담보하는 것은 아니다. 팔로워가 많다고 해도 내가 올린 게시물이 아무런 감동과 재미도 없는데 매출로 이어지길 바라서는 안 된다. 특히 마케팅 대행업체나 맞팔로 만들어진 팔로워는 유대감이 약한 관계다. 콘텐츠가 별로거나 계정 운영에 조금만 소홀해지면 쉽게 깨지기 마련이고, 서로의 콘텐츠에 아예 관심을 두지 않는 경우도 많다.

인스타그램 마케팅이 목적이라면 단 한 사람을 팔로우하더라도 내게 필요한 사람과 관계를 맺어야 하지 않을까? 간혹 잠재고객도 아닌 팔로워를 관리하는 데 너무 많은 시간을 쏟는 사업자들을 보곤 하는데 이는 소탐대실의 전형이다. 자신의 사업과 아무런 관련이 없는 사람과 관계를 유지하는 데 너무 많은 시간을 쏟을 필요는 없다. 한꺼번에 많은 팔로워를 관리하게 되면 정작 정말로 깊은 소통이 필요한 잠재고객에게 소홀해질 수 있다. 예를 들어 남성 전용 미용실을 운영하는데 여성 인스타그래머들과 소통하느라 바쁘다면 방향을 잘못 잡고 있는 것이다. 물론 이들이 자신의 남자친구, 남편, 남동생, 아버지를 데려와 미용실 매출에 도움을 줄 수도 있지만 그보다는 직접적으로 타깃 고객과 좋은 관계를 형성하는 편이 낫다.

잠재고객 팔로워를 늘리기 위한 쉬운 방법 중 하나는 적극적으로 프로모션을 진행하는 것이다. 미용실을 운영한다면 특정 날짜를 정해 방문자 몇 명을 초대한 후 후기를 올리는 조건으로 할인을 해줄 수도 있고, 안경테 사업을 한다면 이벤트를 통해 팔로우를 하면 무료로 주는 식으로 프로모션을 할 수 있다. 리그램(리포스트 애플리케이션 또는 툴을 이용해 다른 계정의 사진을 공유하는 방식)을 유도하거나 친구를 소환하는 프로모션을 열어 혜택을 주면 잠재고객을 효율적으로 확보할 수 있다. 어떤 제품과 서비스를 제공받는 이벤트에 참여한다는 것은 해당 참여자가 그 제품과 서비스를 필요로 하는 사람이라는 뜻이기 때문이다. 프로모션에 대한 부분은 이어서 더 자세히 다루도록 하겠다.

프로모션
성공사례 분석

흔히 프로모션이라고 하면 매우 거창하고 비용이 많이 들 것 같다는 생각이 든다. 하지만 의외로 적은 비용으로 알차게 팔로워를 확보할 수 있는 방법도 많다. 물론 평소 팔로워들과 아무런 교감도 하지 않던 인스타그래머가 갑자기 이벤트를 열면 참여도가 매우 낮을 것은 뻔하다. 성공적인 프로모션을 위해서는 어느 정도 팔로워를 확보하고, 평소 그들과 깊이 있는 교감을 나눠야 한다. 팔로워 수에 너무 부담을 가질 필요는 없다. 팔로워가 200~500명이어도 충분히 활용 가능한 프로모션 방법들이 있기 때문이다.

프로모션 시 유의해야 할 부분은 참여방법이 쉬워야 한다는 점이다. 뒤에서 좀 더 자세히 설명하겠지만 SNS 이용자들은 복잡한 것을 좋아하지 않는다. 참여방법이 복잡하고 시간이 많이 든다면 참여하지 않을 가능성이 크다. 또한 프로모션 과정에서 당신의 제품과 서비스를 반드시 보여줘야 한다. 인스타그램에서 시행하는 프로모션의 경우 핵심은 해시태그다. 프로모션 참여자로 하여금 제품과 브랜드 이름이 포함된 해시태그를 쓰도록 유도해야 한다.

인스타그램
프로모션 노하우

만일 당신이 장신구를 판매하는 사업을 하고 있다면 커플을 위한 이벤트를 열어보면 어떨까? 데이트 장면을 찍은 사진을 업체 이름을 담은 해시태그와 함께 올리게 해서 추첨 방식으로 당첨자를 뽑는다고 가정해보자. 이렇게 이벤트에 당첨된 커플을 매장으로 초대해 경품을 주고 그 모습을 또 촬영해 업체 공식계정에 올리는 식으로 홍보할 수 있다. 업체 이름을 담은 해시태그가 참여자들의 사진과 함께 퍼지게 되어 브랜딩에 탁월한 방식이다.

제품을 중심으로 프로모션을 열 수도 있다. 예를 들어 찻잔을 판매하는 사업자라면 샘플 제품을 배포한 뒤 인스타그램에 멋진 사진을 연출해 올리는 이벤트를 여는 것이다. 가장 예쁘게 사진을 찍어 '좋아요'를 많이 받은 참여자에게 추첨을 통해 찻잔 세트를 주는 등 방식은 다양하다. 주최 측이 따로 미션을 줄 수도 있다. 예를 들어 햇빛이 잘 드는 발코니를 배경으로 찍으라고 하거나, 반려동물과 함께 찍으라고 하

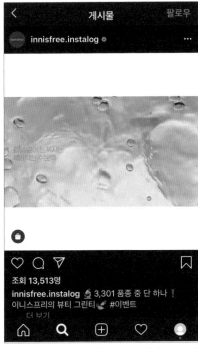

innisfree.instalog ●

조회 13,513명
innisfree.instalog 🛍 3,301 품종 중 단 하나 ❗
이니스프리의 뷰티 그린티 🍵 #이벤트
더 보기

▲ 브랜드 컬러를 강조한 이니스프리의 프로모션 게시물

는 등 우리 회사의 찻잔이 빛나 보일 수 있게 미션을 주는 것이다.

프로모션은 제품과 서비스의 정체성을 부각시키는 방향으로 진행했을 때 더 큰 효과를 얻을 수 있다. 회사의 로고 혹은 BI에 특정 컬러를 사용하고 있다면 그 컬러를 이용해 브랜딩을 하면 좋다. 브랜드 컬러에 맞는 색을 제시하고 해당 컬러와 함께 우리 제품 사진을 찍어 올리는 미션을 주는 식으로 브랜딩을 하는 방법도 있다. 예를 들어 이니스프리는 자신의 주위에 있는 녹색을 찾아 간단한 사연과 함께 올리면 추첨을 통해 제품을 제공하는 간단한 프로모션을 열어 크게 성공한 적이 있다. 이니스프리를 대표하는 컬러가 녹색이었기 때문이다. 당신이라고 그렇게 하지 못할 이유는 없다.

참고로 경품이나 소품은 반드시 내 제품을 사용해야 한다. 작은 선물을 주더라도 내 사업과 관련된 무언가를 제공해야지 괜히 다른 제품을 제공해서는 안 된다. 프로모션을 진행하는 소상공인, 중소기업을 보면 간혹 그런 사업자들이 있다. 석고방향제를 팔면서 사은품으로 스타벅스 아메리카노 쿠폰을 주거나, 제과점을 운영하면서 경품으로 책갈

▲ 음식과 여행을 주제로 계정을 운영 중인 'girleatworld'

피를 주는 등의 어리석은 행동은 하지 말자.

아이스크림 등 손에 쉽게 들 수 있는 무언가를 판매하고 있다면 'girleatworld' 계정을 참고해보자. 'girleatworld'의 운영자는 음식과 여행을 주제로 계정을 운영 중이다. 세계를 여행하면서 손에 특정 제품을 들고 그 나라의 대표적인 장소를 배경으로 사진을 찍어 올리고 있다. 이처럼 제품을 들고 사진을 찍으면 경품을 주는 등 쉽고 직관적인 방식으로 이벤트를 진행하면 잠재고객의 참여율을 높일 수 있다. 다시 한번 강조하지만 프로모션은 쉬워야 한다. 인스타그램은 생각이 많아지는 복잡한 공간이 아니라 짧은 순간 여러 콘텐츠를 휙휙 넘겨

따라하면 매출이 따라오는 SNS 마케팅

보는 휴식처 같은 플랫폼이다. 그래서 인스타그램에서 진행하는 프로모션 역시 힘들이지 않고 쉽게 참여할 수 있는 방식이어야만 한다. 진입장벽이 높아 응모하기 어려운 프로모션은 지양하기 바란다.

목표와 타깃이
명확해야 한다

프로모션은 회사의 제품과 서비스를 알리거나 브랜드의 인지도를 높이기 위한 목적으로 하는 경우가 많다. 그렇다면 효과적으로 목적을 이루기 위해서는 프로모션에 어떤 내용을 담아야 할까? 우선 목적부터 분명히 해야 한다. 제품도 알리고 싶고, 브랜드도 알리고 싶고, 잠재고객도 확보하고 싶겠지만 하나의 프로모션으로 원하는 것을 다 얻을 수는 없다. 목적에 따라 콘텐츠의 내용이 달라지기 때문에 반드시 사전에 목표를 분명히 해야 한다. 예를 들어 브랜드 인지도 확장을 위한 이벤트라면 최대한 참여율을 끌어올릴 수 있는 기획을 해야 한다. 프로모션 참여에 어떤 제한이나 제약이 있어서는 안 되며 쉽고 재미있는 방법을 제시해야 할 것이다. 간혹 인지도를 올리기 위해 이벤트를 하면서도 방법이 어려워 선뜻 참여하기 꺼려지는 프로모션을 볼 때면 참 안타깝다.

어떤 식으로 프로모션을 해야 할지 감이 잘 오지 않는다면 다른 브랜드의 사례를 참고하기 바란다. '#이벤트' '#이벤트그램' 등 관련 해시태그로 검색을 하면 다른 브랜드의 프로모션을 참고할 수 있다. 프로

▲ 인스타그램에서 '#이벤트'와 '#이벤트그램'을 검색한 화면

모션을 통해 반드시 해야 할 것은 이벤트에 참여하는 사람들의 정보를
확보하는 것이다. 전화번호, 이메일 주소 등을 반드시 받아 추후 고객
관리에 활용해야 한다. 경품을 제공하는 프로모션을 하는 이유는 젊은
세대의 활발한 SNS 활동을 최대한 이용하기 위해서다. 프로모션을 통
해 활발하게 SNS를 활용하는 이용자들을 끌어들여 내 제품과 서비스
를 더 많은 사람들이 간접적으로 볼 수 있도록 유도할 수 있다.

무엇보다 프로모션을 진행할 때 자사의 제품을 경품으로 제공함으
로써 타깃 고객을 효과적으로 공략할 수 있다. 예를 들어 마카롱을 만
드는 업체가 자신의 제품인 마카롱을 경품으로 내걸었다고 가정해보

자. 평소 마카롱을 좋아하는 사람들이 이벤트에 몰려 자연스럽게 잠재
고객의 데이터를 확보하게 될 것이다. 그런데 만약 마카롱이 아닌 커
피 기프티콘 등 내 사업과 전혀 관련이 없는 엉뚱한 경품을 내세우면
이벤트에 커피를 좋아하는 사람들이 몰리게 된다. 그들이 마카롱까지
좋아할지는 미지수이기 때문에 프로모션을 성황리에 끝마쳐도 효과는
장담할 수 없다.

스폰서 광고도 병행해보자

처음부터 프로모션이 잘될 수는 없다. 참여율이 저조할 수도 있고
생각만큼 효과가 안 나올 수도 있다. 그렇다고 해서 한숨만 쉬고 있으
면 안 된다. 더 많은 사람들이 참여할 수 있도록 전략을 다시 세워야
하는데, 가장 효과적인 방법은 스폰서 광고를 병행하는 것이다. 팔로
워가 적은 소상공인, 중소기업이라면 유기적 도달(광고 없이 콘텐츠가
자연스럽게 퍼지는 것)에만 기대서는 안 된다. 참여율이 저조하다면 유
료 스폰서 광고를 병행해서라도 사람들에게 프로모션의 존재를 알려
야 한다.

팔로워가 많은 계정일지라도 유기적 도달률이 낮을 수도 있다. 평
소 팔로워들이 콘텐츠에 '좋아요'를 누르거나 댓글을 다는 등 반응이
좋아야 더 많이 노출되는 알고리즘이 인스타그램에 적용되고 있기 때
문이다. 앞서 유령 팔로워는 의미가 없다고 강조한 연유다. 팔로워 수

는 많은데 평소 그들이 내 콘텐츠에 잘 반응하지 않았다면 프로모션을 열어도 참여율이 낮을 수 있다. 이때는 스폰서 광고를 집행해 참여를 독려해야 한다.

다행히 페이스북과 같은 회사이기 때문에 스폰서 광고의 원리는 같다. 페이스북 스폰서 광고를 집행해본 경험이 있다면 인스타그램 스폰서 광고도 쉽게 집행한 수 있을 것이다. 참고로 인스타그램 애플리케이션에서 바로 광고를 집행하기보다는 페이스북에 따로 들어가서 진행하는 것이 효율적이다. 페이스북에서는 좀 더 정교하게 타깃을 설정할 수 있기 때문이다.

인스타그램 스토리는 24시간 후 지워지는 최대 15초 이내의 동영상을 올릴 수 있는 공간으로, 만일 스토리에 스폰서 광고를 내고 싶다면 동영상 길이를 14초 정도로 맞춰서 올리면 된다. 동영상 사이즈는 모바일 화면을 꽉 채우는 1,080×1,920px이며 화면 비율은 9:16으로 설정하면 된다. 최근 인스타그램 스토리에 올라오는 광고 동영상을 보면 아주 세련되고 감각적으로 제작해 눈길을 끄는 콘텐츠들이 많다. 프로모션을 위한 콘텐츠라면 평범한 소재보다는 조금은 튀고 엉뚱하더라도 창의적인 소재를 활용할 필요가 있다.

인스타그램은 주로 젊은층이 이끄는 채널이기 때문에 콘텐츠 또한 그들의 문화에 맞게 만들어야 한다. 프로모션은 정체되어 있는 매출 문제를 타개하거나 사업을 좀 더 확장할 때 유용한 마케팅 방식이다. 성공한 사례도 많고 실패한 사례도 많기 때문에 관심 분야가 아닐지라도 다른 업종은 어떤 방식으로 프로모션을 하는지 세심하게 관찰할 필요가 있다. 스폰서 광고를 집행할 때 적은 예산을 책정할지라도 참신

한 아이디어가 가미된 프로모션이라면 성공하지 못할 이유가 없다. 잘 기획한 프로모션 하나가 당신의 사업을 일으켜 세울지도 모른다. 일단 도전해보자. 세상일은 아무도 모른다.

SNS MARKETING

PART 5

콘텐츠 만물상,
유튜브 마케팅

가장 좋은 광고는
만족한 고객이다.
_ 필립 코틀러(Philip Kotler)

SECTION 01

유튜브가 대세로 떠오른 이유

　　　　유튜브 시장은 매우 빠르게 성장하고 또 변하고 있다. 유튜브는 전 세계에서 가장 큰 규모의 동영상 호스팅 플랫폼으로, 2005년 창립한 후 빠르게 성장해 2006년 구글에 의해 16억 5천만 달러에 인수합병되었다. 인수합병 당시 천문학적인 금액을 들인 구글의 투자에 많은 사람들이 의구심을 표했다. 지나치게 비싼 값이 아니냐는 반응이 대부분이었다. 그러나 2018년 기준 유튜브의 기업 가치는 1,600억 달러에 달한다. 월평균 전 세계 약 19억 명이 유튜브를 이용하고 있으며 검색엔진으로도 이미 세계 2위의 규모다.

　　텍스트로 된 콘텐츠보다 직접 눈으로 즐겁게 볼 수 있는 이미지와 동영상을 더 선호하는 시대가 되면서 유튜브 시장은 빠르게 성장하고 있다. 한 분야의 전문가가 기존의 매스미디어에서는 하지 못했던 날것 그대로의 이야기를 들려주거나, 바쁜 부모 대신 아이와 놀아주거나, 외로운 1인 가구를 위해 함께 밥을 먹는 먹방 콘텐츠를 찍어 올리는 등 수많은 유튜버들이 이용자들의 입맛에 맞게 다양한 니즈를 충족시켜주고 있다.

검색엔진의
역할을 대신하다

네이버, 구글 등 기존의 검색엔진은 광고와 낚시성 콘텐츠, 부실한 내용의 글이 많아 점점 외면받고 있는 반면, 유튜브는 검색엔진의 역할도 충실히 잘 해내고 있다. 예를 들어 유튜버 지망생 K가 방송을 하기 위해 어떤 마이크를 사야 하고, 조명은 무엇이 좋고, 배경지는 어디서 구입해야 하고, 카메라는 어떤 브랜드가 좋은지 등을 알아보려 한다고 가정해보자. 네이버, 구글 등에서 원하는 정보를 찾을 수도 있지만 유튜브를 통해 검색하면 시연 동영상과 제품 비교 동영상 등 더 생생한 정보를 많이 얻을 수 있다. 믿을 만한 유명 크리에이터가 자기도 이 제품을 사용한다며 주문부터 언박싱(구매한 상품의 상자를 개봉하는 과정), 시연하는 모습을 동영상으로 찍어 올려주니 따로 다른 검색엔진을 찾을 필요가 없는 것이다. 이렇게 동영상으로 보기 쉽게 정보를 얻을 수 있다 보니 진입장벽이 높은 다른 SNS와 달리 유튜브는 시니어층의 유입도 많은 편이다.

▲ 아이들에게 많은 사랑을 받고 있는 보람튜브 채널

　물론 유튜브라고 해서 광고나 낚시성 콘텐츠, 부실한 내용의 동영 상이 없는 것은 아니다. 하지만 다른 SNS보다 비교적 분별이 쉽고, 접 근성도 좋다. 요즘에는 우스갯소리로 아이가 태어나서 가장 많이 보는 게 유튜브라는 이야기도 있다. 부모들이 친구를 만나서 이야기꽃을 피 우거나 집안일을 할 때 아이들의 손에 유튜브 동영상을 재생한 스마트 폰만 쥐어 주면 울지도 보채지도 않으니 얼마나 편리하고 고마운가? 실제로 아이들에게 많은 사랑을 받고 있는 보람튜브 채널은 구독자 수 만 2,640만 명에 달할 정도로 인기가 뜨겁다.

　이렇게 우리가 동영상을 보면서 즐기는 동안 유튜버들은 구독자와 조회수를 바탕으로 막대한 광고 수익을 창출하고 있다. 굳이 광고로 수익을 창출하지 않더라도 많은 사업자들이 유튜브 마케팅을 통해 자 신의 사업을 홍보하는 방식으로 비즈니스 성과를 올린다. 또한 채널을 잘 운영하기만 하면 세계 최대 검색엔진인 구글에 노출될 확률이 높아 지기 때문에 사업자라면 반드시 유튜브를 시작해야 한다. 구글에서 키워드를 검색했을 때 동영상 메뉴에 유튜브 콘텐츠가 노출되는 이유는 유튜브가 구글의 재산이기 때문이다. 구글을 통해 내 콘텐츠에 유입되는 통계도 상당하기 때문에 제품과 서비스를 널리 알려야 하는 사업자라면 유튜브 채널 운영을 간과해서는 안 된다.

많은 사람들이 하루를 유튜브로 시작해 유튜브로 마치는 시대가 되었다. 실제로 출근길에도, 퇴근길에도, 자기 전에도 스마트폰을 손에서 놓지 않고 유튜브를 보며 시간을 보내는 직장인들이 늘어났다. 사람들이 유튜브로 모이는 이유는 무엇일까? 일단 눈으로 보고 즐기는 플랫폼이기 때문에 재미가 있고, 내가 지금 당장 하지 못하는 어떤 욕구를 유튜버들이 대신 해소해주기 때문이다. 예를 들어 매일 아침부터 저녁까지 격무에 시달린 직장인 B가 있다고 가정해보자. B의 취미는 프라모델 조립인데 평일에는 도저히 피곤해서 프라모델을 조립할 수가 없다. 그래서 복잡하고 어려운 프라모델을 척척 조립하는 유튜버의 동영상을 봄으로써 대리 만족을 하며 스트레스를 푸는 것이다. 이 밖에도 대신 책을 읽어주거나, 어려운 경제 용어를 설명해주거나, 메이크업 기술을 전수해주는 등 다양한 콘셉트의 유튜버들이 지금 이 순간에도 이용자들의 니즈를 자극하는 콘텐츠를 제작해 자신의 채널에 업로드하고 있다.

와이즈앱이 국내 안드로이드 이용자들을 대상으로 조사한 애플리케이션 이용 시간 통계를 보면 유튜브의 강세가 확연히 드러난다. 2018년 11월 기준으로 유튜브는 한 달간 총 317억 분 이용되었다고 한다. 유튜브는 몇 년 반짝 뜨고 사라지는 유행이 아닌, 최소 10년 이상 트렌드를 주도할 것으로 보인다.

일단 채널부터
개설하자

유튜브가 소상공인, 중소기업에게 매력적인 이유는 채널이 어느 정도 자리를 잡으면 시장 경기에 휘둘리지 않게 되기 때문이다. 즉 불황을 체감하지 못하게 된다. 경기가 어려워지는 등 대내외 변수로 자신의 업종에 불황이 찾아와도 잘 키운 채널만 있다면 흔들림 없이 매출을 올릴 수 있다. 동종업계 사람들이 장사가 어렵다는 푸념을 하든 말든 일단 채널만 잘 키워놓으면 구독자들을 통해 끊임없이 제품에 대한 문의가 들어와 매출이 창출된다.

동영상 콘텐츠는 앞으로도 전망이 밝을 것으로 예측된다. 최근에는 업종의 구분 없이 많은 사람들이 전방위적으로 유튜브에 뛰어들고 있다. 경쟁자들에게 뒤처지지 않기 위해서라도 다른 SNS와 마찬가지로 유튜브도 일단 용기를 내 시작해보자. 구글 계정만 있으면 누구나 채널을 개설할 수 있다.

1. 채널 설정

우선 본인의 채널을 어떤 콘셉트로 운영할 것인지 정해야 한다. 인스타그램 비즈니스 계정과 마찬가지로 핵심 메시지를 정해 일관된 콘셉트로 운영하는 것이 좋다. '유튜브 스튜디오'에서 '설정' '채널'을 차례대로 누르면 채널의 키워드를 입력할 수 있는 공간이 나온다. 구글, 유튜브에서 검색 시 자신의 채널이 해당 키워드로 노출될 확률이 높아지므로 신중히 입력하기 바란다. 필자의 경우 'SNS 교육' '마케팅 교육'

일반

채널

업로드 기본 설정

권한

커뮤니티

약관

기본 정보   고급 설정   브랜딩   기능 사용 자격요건

이름
테스트 채널
채널 이름을 수정하려면 Google 계정 [ ] 으로 이동하세요.

거주 국가
대한민국
현재 거주 중인 국가를 선택하세요. 자세히 알아보기

키워드

값을 쉼표로 구분하여 입력하세요.

▲ '유튜브 스튜디오'에서 '설정' '채널'을 누르면 채널의 키워드를 입력할 수 있는 공간이 나온다.

등의 키워드를 활용해 브랜딩을 했다.

2. 채널 아이콘과 채널아트

채널 아이콘은 프로필 아이콘으로, 자신을 잘 드러낼 수 있는 사진이나 로고를 사용하면 된다. 권장 사이즈는 800×800px다. 채널

▲ 겨울서점 채널의 채널 아이콘과 채널아트

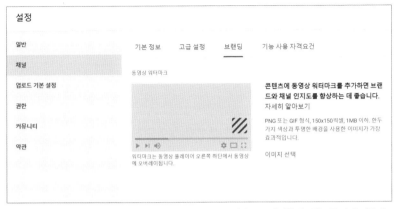

▲ '유튜브 스튜디오'에서 '설정' '채널' '브랜딩'을 누르면 워터마크를 설정할 수 있는 공간이 나온다.

아트는 채널의 간판 역할을 하는 공간으로 동영상 업로드 스케줄이나 채널의 콘셉트 등을 드러내는 역할을 한다. 권장 사이즈는 2560×1440px다.

3. 워터마크

동영상 오른쪽 하단에 노출되는 이미지로 채널의 상징이 되는 로고나 사진을 주로 쓴다. '유튜브 스튜디오'에서 '설정' '채널' '브랜딩'을 누르면 워터마크를 설정할 수 있는 공간이 나온다. 워터마크는 구독을 유도할 수 있어 유용한 기능이다. 권장 사이즈는 150×150px다.

4. 맞춤 URL

채널을 개설하면 URL이 굉장히 길고 복잡한 것을 볼 수 있다. 다행히 구글은 유튜버가 일정 조건만 충족하면 URL을 깔끔하게 변경할 수 있는 기능을 제공하고 있다. '맞춤 URL'은 '설정' '고급 설정'을 누르면 변경 가능하다. 구독자 수 100명 이상, 채널 개설 후 30일 경과, 채널 아이콘 및 채널아트 이미지 업로드 조건만 충족하면 URL을 바꿀 수 있다.

채널을 개설한 후 기본적인 설정을 끝마쳤다면 이제 동영상을 올릴 차례다. 유튜브를 시작하기 위해 삼각대에 스마트폰을 걸고 조명을 켜는 등 본격적으로 세팅을 마치면 그 앞에서 자신이 하고 싶은 이야기를 시작하면 된다. 만일 시행착오 없이 처음부터 말도 술술 잘 나오고 동영상도 무사히 잘 찍었다면 재능이 있는 것이니 이제 열심히 콘텐츠를 만들면 된다. 그런데 대개 촬영을 시작하면 어색해서 몸도 딱딱하게 굳고 말도 더듬게 된다. 그만큼 동영상으로 스스로를 찍는다는 건 쑥스럽고 민망한 과정이다.

사진과 동영상은 느낌이 엄연히 다르다. 유튜브는 자신의 얼굴을 동영상으로 노출시켜야 하기 때문에 부담이 클 수밖에 없다. 얼굴을 노출하지 않고 손만 나오게 한다든지, 입술까지 나오게 한다든지, 목소리만 나오게 하는 식으로 콘텐츠를 만들 수도 있다. 하지만 얼굴이 공개되지 않으면 보통 신뢰를 얻기가 힘들고, 정말 창의적이고 뛰어난 콘텐츠가 아닌 이상 채널이 성장하기 어렵다.

콘텐츠를 만드는 방법은 다양하다. 거실을 멋지게 꾸며놓고 아이들이 다 잠든 후 은은한 조명 아래 잔잔하게 책을 읽어주는 유튜버도 있고, 칠판 앞에서 예비 창업자들에게 이것만은 주의하라고 외치며 강연하는 유튜버도 있고, 자신에게 맞는 안경테를 고르는 방법을 알려주는 유튜버도 있다. 콘텐츠가 무궁무진하게 넘쳐나는 곳이 바로 유튜브다.

사업자라면 자신의 사업과 관련된 소재를 바탕으로 콘텐츠를 만들면 된다. 용기를 갖고 일단 시작해보자.

유튜브는 콘텐츠 만물상이다

과거 필자가 다니던 회사 근처에 만물상이라는 이름의 조그만 상점이 있었다. 그곳엔 마치 세상에 없는 게 없는 것처럼 필자가 필요로 하는 모든 것이 있었고, 찾으면 찾는 대로 필요한 물건이 튀어나와 참 신기했다. 현대인에게 유튜브가 아마 그런 보물창고가 아닌가 싶다. 그것도 보기 편하게 동영상으로 송출되니 사람들이 좋아할 만하다.

유명 유튜버들은 대개 한 분야의 뛰어난 실력자이자 전문가인 경우가 많다. 평소 미처 몰랐던 정보를 속속 골라 공짜로 알려주니 좋아하지 않을 수 없다. 예를 들어 다이어트를 하고 싶으면 유튜브를 보면서 홈트레이닝 노하우를 익히면 된다. 전문 트레이너가 상세히 다이어트 노하우를 알려주니 집 근처에 피트니스센터가 없는 이용자에게는 이만 한 콘텐츠가 없다. 이처럼 유튜브는 다이어트 고민 등 다양한 고충을 해결해주는 만능 해결사다. 내 문제를 아무런 대가 없이 속 시원하게 해결해주니 팬이 될 수밖에 없다.

어떤 영어 강사 유튜버는 강연의 한 과정 전체를 담은 동영상을 올리기도 하고, 어떤 트레이너 유튜버는 운동 노하우를 담은 콘텐츠를 만들기도 하고, 어떤 변호사는 법률 자문 콘텐츠를 라이브로 방송하기

▲ 땅끄부부의 채널. 다이어트를 하고 싶으면 이제 유튜브를 보면서 홈트레이닝 노하우를 익히면
된다.

도 한다. 이들이 구독자들에게 이토록 유용한 서비스를 무료로 제공하
는 이유는 콘텐츠 파급력과 부가적인 마케팅 효과가 뛰어나기 때문이
다. 어떤 인플루언서는 기업에서 협찬을 받기 위해 구독자를 모으기도
하고, 또 누군가는 광고 수익을 올리기 위해 구독자를 모으기도 한다.
이처럼 콘텐츠에 남들과 차별화된 양질의 정보를 담기 위해 끊임없이
경쟁을 벌이는 곳이 바로 유튜브다.

　　당신은 지금 어떤 일을 하고 있는가? 음식점을 경영해도 상관없고,
재무설계 일을 해도 상관없다. 지금 무슨 일을 하고 있든 남들은 모르
는 당신만 아는 전문지식을 바탕으로 콘텐츠를 만들기만 하면 된다.
업계 노하우를 일부 공개하기만 해도 유튜버로서 충분히 경쟁력을 갖
춘 셈이다. 감이 잘 잡히지 않는다면 유튜브에 들어가 당신의 사업과
관련 있는 키워드를 검색해 경쟁자들이 어떻게 유튜브 채널을 운영하
고 있는지 살펴보자. 업종에 따라 생각보다 많은 콘텐츠가 있을 수도

있고, 또 생각만큼 콘텐츠가 나오지 않을 수도 있다. 경쟁자들의 콘텐츠를 모니터링하면 분명 '나는 이보다 더 좋은 콘텐츠를 만들 수 있을 텐데.' '나라면 이렇게 안 하고 더 잘할 수 있을 텐데.'라는 생각이 들 것이다.

많은 사업자들이 바쁜 와중에 시간을 쪼개가며 채널을 운영하는 이유는 유튜브가 전 세대를 아우르는 범용적인 SNS이기 때문이다. 혹자는 "이미 레드오션이라고 들었는데 늦은 거 아닌가요?"라고 묻고는 한다. 지금 이 글을 읽고 있는 당신을 포함해 주변 사람들 중 유튜브 채널을 운영하고 있는 사업자가 있는가? 아마 없거나 있어도 한두 명일 확률이 크다. 눈에 보이는 것만 믿자. 지금도 우리의 경쟁자들은 잠재고객을 확보하고 단골을 늘리기 위해 잠을 줄여가며 사업과 유튜브 마케팅을 병행하고 있다. 그들에게 뒤처지지 않기 위해서라도 유튜브 채널을 운영해야 한다.

어렵지 않다. 일단 유튜브를 시작해보자. 유튜브에서 당신의 삶을 풀어놓기만 하면 된다. 어차피 모든 것이 불확실한 시대인데 무엇이 두려운가? 사람들이 많이 모여 있는 큰 마켓에서 당신의 회사를 알릴 수 있는 기회가 아닌가? 처음부터 사업 이야기를 꺼내는 것이 부담스럽다면 다른 이야기를 먼저 해도 좋다. 축구를 좋아한다면 축구와 관련된 주제로 동영상을 찍으면 되고, 손으로 뭔가를 만드는 것을 좋아한다면 무언가를 만드는 동영상을 찍으면 된다. 그림을 잘 그린다면 일단 카메라 앞에서 그림을 그려보자. 꾸준히 포기하지 않고 동영상을 업로드한다면 분명 당신의 재능을 알아보는 구독자들이 하나둘씩 늘어날 것이다.

잘나가는 유튜버들도 처음부터 구독자 수가 많았던 것은 아니다. 그들도 처음에는 간절한 마음으로 동영상을 올리며 구독자들의 관심을 갈구했다. 하물며 사업을 하고 있고, 생각만큼 매출이 나오지 않는 상황이라면 못할 것이 무엇이 있겠는가? 저조한 매출을 타개할 비법이 없다면 유튜브를 시작하라. 셀카봉에 스마트폰을 끼우고 스스로를 촬영하면서 회사가 어려우면 어렵다고, 신제품 론칭이 힘들다면 힘들다고 토로해라. 그 정도 용기도 없다면 정말 회사 문을 닫아야 할지도 모른다.

유튜브에서 동영상을 보러 유입되는 사람들은 매우 다양하다. 몇 가지 관심사를 바탕으로 당신의 채널까지 흘러들어온 것이다. 그들을 내 편으로 만들면 다시 일어설 수 있는 힘이 되어줄 것이다. 유튜브는 우리가 갖고 있는 재능을 제공함으로써 스스로의 브랜드 가치를 높일 수 있는 거대한 우주다. 그 우주 속에서 마음껏 유영하며 당신의 사업을 키워보자.

성공하려면 꾸준히 업로드해야 한다

지금 당신은 어떤 일을 하고 있는가? 병원을 운영할 수도 있고, 반려견 용품점을 운영할 수도 있다. 업종마다 특성이 다 다르고 콘텐츠의 색깔도 다를 수밖에 없지만, 일단 자신이 취급하는 제품이나 서비스에 대해 얼마나 완벽히 알고 있는지 자문해보자. 만일 보험설계사

일을 하고 있다면 당연히 그 누구보다 보험 상품에 대해 빠삭할 것이다. 그렇다면 보험 상품을 소개하고, 어떤 약정을 유의해서 봐야 하는지 알려주는 콘텐츠를 만들면 된다. 이때 가장 중요한 건 발행 주기다. 처음에는 아이디어가 쏟아져 동영상 업로드 주기가 짧겠지만, 시간이 지나면 점점 할 이야기가 떨어지면서 그 주기가 길어지는 경우가 많다. 이런 일이 벌어지는 이유는 사전에 치밀하게 콘텐츠를 기획하는 등 밑그림을 그리지 않고 되는 대로 동영상을 찍었기 때문이다. 콘텐츠를 기획할 때는 사전에 어떤 방법으로 만들 것인지 로드맵을 짠 후 구체적으로 언제 발행하고 어떤 내용을 쓸 것인지 등을 머릿속에 그려놔야 한다. 그때그때 필요한 콘텐츠를 만들겠다는 생각으로 접근하면 잔실수가 늘 수 있다.

채널의 성공 여부는 콘텐츠를 지속적으로 꾸준하게 올릴 수 있느냐에 달려 있다. 지속적으로 올린다는 말은 그만큼 콘텐츠가 많아야 된

▲ 필자의 유튜브 채널 재생목록. 사전에 치밀하게 콘텐츠를 기획하는 등 밑그림을 그려야 한다.

다는 말과 일맥상통한다. 한두 달 올리고 멈출 것이라면 애초에 시작하지 않는 것이 좋다. 애써 구독자를 모았는데 채널 운영을 중단하면 브랜드에 대한 신뢰도도 떨어질 수밖에 없으며 매출에도 도움이 되지 않는다. 유튜브 마케팅에 성공한 기업의 특징은 지속적으로 채널을 운영했다는 점이다. 따라서 자신만의 루틴을 만들어 늘 같은 시간에 카메라 앞에 앉을 준비를 해야 한다. 그 시간을 위해 어떤 자료를 모으고 어떤 식으로 말할지, 복장과 멘트는 어떤 식으로 준비해야 할지 늘 염두에 둬야 한다. 유튜브는 사업자의 겉모습이 그대로 드러날 수밖에 없는 채널이기 때문에 브랜드 가치의 제고를 위해서라도 품행을 단정히 할 필요가 있다. 취미로 한다면 모를까 사업적인 목적으로 유튜브를 운영한다면 더욱 조심해야 한다.

준비가 끝났다면 이제 카메라 앞에 서서 촬영을 하면 된다. 이때 초보자가 가장 하기 쉬운 실수는 대본과 동선 등을 모두 달달 외우려고 하는 것이다. 10분 이상 동영상을 찍어야 하는데 그 모든 것을 외워야 한다면 쉽지 않을 것이다. 외운 대로 잘 되지도 않을 뿐더러 짜여진 대로만 움직이면 오히려 로봇처럼 어색하게 보일 수 있다. 그냥 고객과 상담한다는 느낌으로, 친구와 대화한다는 느낌으로 마음을 편히 먹고 찍으면 된다. 처음에는 쉽지 않겠지만 한두 번 하다 보면 자연스럽게 하고 싶은 말을 자유롭게 할 수 있게 될 테니 시간이 약이라고 생각하기 바란다.

참고로 팁을 주자면 첫 동영상에 모든 것을 쏟으라고 충고하고 싶다. 그 이유는 유튜브 세계에서도 첫인상이 강렬하게 자리 잡기 때문이다. 또한 되도록 콘텐츠는 하루에 하나씩 올리는 것이 좋다. 버겁고

▲ 고도원의 아침편지 홈페이지 화면. 고도원의 아침편지는 웹사이트와 유튜브 채널을 통해 매일
꾸준히 콘텐츠를 업로드하고 있다.

힘들겠지만 도전해보기 바란다. 정 어렵다면 이틀에 하나, 일주일에 하
나로 주기를 바꿔도 좋다. 다만 한번 업로드 주기를 정했다면 어기는
일 없이 반드시 지키기 바란다.

작심삼일이라는 말이 있다. 각오는 항상 하지만 실행력은 빵점이
라는 말이다. 유튜브를 하면서 가장 힘든 점이 바로 1년 365일 콘텐츠
를 기획하고 올리는 일이다. 그런데 이 어려운 일을 실행에 옮긴 크리
에이터가 있다. 바로 '고도원의 아침편지'다. 고도원 작가는 매일 아침
이메일을 통해 구독자들에게 자신이 직접 쓴 편지를 전달하고, 유튜브
채널 운영도 병행하고 있다. 웬만큼 부지런하지 않고서는 불가능한 일
이다. 우리도 바쁘다는 핑계를 대서는 안 된다. 동영상을 하나 찍고, 편
집하고, 업로드하는 데 소요되는 시간을 아까워해서는 안 된다. 우리가

알 만한 유명 유튜버들의 경우 동영상을 하나 편집하는 데 대략 5~6시간 이상씩 투자한다고 한다. 예상보다 훨씬 많은 시간을 투자하고 있는 셈이다. 이미 앞서가고 있는 그들이 그렇게까지 노력하는 이유는 지속적인 콘텐츠 업로드만이 살 길이라는 것을 알기 때문이다.

유튜버는 구독자들에게 좋은 콘텐츠를 꾸준하게 제공할 의무가 있다. 그것만이 내 콘텐츠를 구독하고 광고를 봐주는 구독자들에게 보답하는 길이다. 초반에 좋은 콘텐츠를 올려 구독자를 늘린 후 인기를 얻었다고 해서 콘텐츠 제작을 소홀히 하면 구독자들은 금방 구독을 끊고 다른 유튜버의 채널로 이동해버린다. 구독자와 유튜버인 나는 계약으로 맺어진 관계가 아니다. 구독자는 자신들이 필요한 정보를 얻기 위해 돌아다니는 일종의 수집가라고 보면 맞겠다. 고도원의 아침편지를 통해 메일로 뉴스레터를 받아본 경험이 있다면 '성실함'이 얼마나 큰 무기인지 알 것이다. 고도원의 아침편지가 사랑받는 이유는 바쁜 하루 일과를 시작하는 현대인들에게 매일 글로써 작은 안식처를 제공하기 때문이다. 결국 핵심은 지속성과 꾸준함과 일관성이다.

신뢰를 바탕으로 형성된 구독자와의 관계

채널을 운영하다 보면 어느 순간 구독자와 신뢰가 쌓이는 묘한 경험을 할 것이다. 이상한 일이다. 실제로 본 적도 없는 유튜버와 구독자 사이에 신뢰감이 형성된다는 것이 말이다. 유튜브는 다른 SNS와 달리

▲ 필자의 콘텐츠에 달린 댓글들. 유튜브는 다른 SNS와 달리 댓글이 굉장히 많이 달리는 곳이다.

댓글이 굉장히 많이 달리는 곳이다. 콘텐츠 하나에 보통 수백 개, 많으면 수천 개의 댓글이 달린다.

구독자들은 유튜버와의 직접적인 소통(댓글)을 통해 자신이 원하는 것을 얻는다. 콘텐츠에 다 담겨 있지 않은 궁금한 내용이나 평소 자신이 궁금했던 점을 묻는 등 댓글을 적극적으로 활용한다. 이렇게 질문이 많다는 것은 내 사업에 관심이 많다는 뜻이기 때문에 최대한 빨리 답글을 달아주는 것이 좋다.

유튜브 채널
성공사례 분석

　　다른 유튜브 채널의 성공사례를 분석해야 하는 이유는 우리보다 앞서간 이들의 발자취를 통해 배울 점이 많기 때문이다. 혹자는 "지금의 나와는 상황이 다릅니다." "운이 좋아서 성공한 것 아닌가요?"라며 자신과 구분짓곤 하는데, 적어도 이 책을 읽는 독자들만큼은 그런 색안경을 끼지 않았으면 좋겠다. 성공한 사람들을 보며 하루아침에 운이 좋아 성공했다고 치부해버려서는 안 된다. 그들이 지나온 길을 살펴보면 그 과정이 녹록지 않았다는 것을 알 수 있기 때문이다. 성공한 유튜버들은 오랫동안 한 분야를 공부하면서 자신만의 철학과 기준을 갖고 성실히 살아온 이들이다. 아직 아무것도 이룬 게 없는 우리가 그들의 노력을 폄훼할 자격이 있을까?

월 순익 1000만원 올리는 생각법, 한국에는 직업에 귀천이 있습니다.
신사임당 ✔ 조회수 131만회 · 1년 전
월 1000만원의 수익을 만드는 생각법에 대해 얘기 해봤습니다. 초보 창업가들과 창업을 희망하는 분들을
위해 조금이나마 도움이 ...

월 순익 1000만원 올리는 구조, 사기꾼이라고 해도 할말 없습니다.
신사임당 ✔ 조회수 136만회 · 1년 전
월 순익 1000만원 올리는 구조, 사기꾼이라고 해도 할말 없습니다. 그냥 제가 하는 방식과 제가 추구하는
구조이며, 막막한 분들한테 좀 ...

▲ 사업자들에게 많은 영감을 준 신사임당의 콘텐츠

　　자신의 사업과 연관된 유튜버들의 채널을 살펴보고, 장점은 본받고 단점은 반면교사 삼아 발전을 꾀하기 바란다. 예를 들어 필자의 경우 최근 쇼핑몰을 창업할 계획으로 네이버 스마트스토어 운영방법이라든지, 온라인 쇼핑몰 운영 노하우를 익히기 위해 관련 동영상을 자주 찾아보고 있다. 이 중 필자에게 큰 영감을 준 유튜버는 '돈 버는 법'에 대한 콘텐츠를 진솔하게 만들고 있는 '신사임당'이다. 신사임당의 '월 순익 1천만 원'과 관련된 콘텐츠를 보면 처음에는 허황된 이야기라는 생각이 들 수 있다. 그는 "단군 이래 돈 벌기 가장 쉬운 시대"라는 이야기를 하며 관련 이야기를 털어놓는데, 해당 동영상은 근거와 논리가 뛰어나 사업자들에게 많은 영감을 주었다. 실제로 '월 순익 1천만 원' 키워드의 두 동영상은 각각 100만 조회수를 훌쩍 넘긴 모습이다. 이제 마케팅은 인지의 싸움의 아닌 인식의 싸움으로 영역이 바뀌었다. 신사임당은 동영상 하나로 사업자들의 인식을 바꾸는 최고의 전략가로 자리 잡은 셈이다. 콘텐츠란 이렇게 쉽고 직관적이어야 한다.

　　유튜버들의 성공사례를 분석하면서 필자는 '나는 과연 이 사람들처럼 양질의 콘텐츠를 지속적으로 제공할 수 있을까?' 하는 생각이 들

었다. 시시콜콜한 살아온 이야기만 한다면 얼마든지 동영상을 만들 수 있겠지만, 사업을 키우기 위해서는 당신이 가지고 있는 노하우를 콘텐츠에 담아 제공해야 한다.

채널에 어떤 메시지를 담아야 할까?

신사임당이 성공한 이유는 채널에 색깔이 명확하고 메시지가 직관적이기 때문이다. 물론 개성 있고 메시지가 분명하다고 해서 모든 채널이 성공하는 것은 아니다. 기회는 아무한테나 주어지지 않는다. 기회를 잡기 위해서는 준비해야 한다. 최대한 성공한 사람들의 공통점과 장점을 본받아 언제 올지 모를 기회를 잡을 수 있도록 준비하기 바란다.

대학을 졸업해도 취업이 힘든 세상, 40대만 되어도 명예퇴직이나 구조조정을 당하는 등 뉴스는 온통 어둡고 답답한 이야기만 쏟아내 우리를 암담하게 한다. 그러다 문득 한 6세 키즈 유튜버가 95억 원 상당의 강남 빌딩을 임대했다는 소식이 퍼지면서 사람들은 경악했다. 다들 어렴풋이 유명 크리에이터가 상상 이상으로 많은 부를 창출한다는 것은 알았지만 실제로 얼마나 많은 돈을 버는지는 몰랐기 때문이다. 유튜브 마케팅의 파급력도 함께 재조명되었다.

보람튜브뿐만 아니라 70대 할머니가 유튜버로 나서 성공한 사례도 있다. 바로 박막례 할머니다. 박막례 할머니를 보기 위해 구글과 유튜

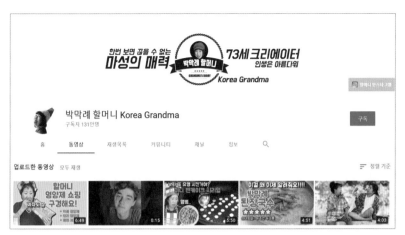

▲ 박막례 할머니의 채널. 많은 사람들이 자신의 할머니를 떠올리며 그녀의 행보를 응원하고 있다.

브의 CEO가 방한할 만큼 유튜브 세상에서 그녀의 영향력은 상당하다. 박막례 할머니의 손녀는 할머니가 치매 소견이 있다는 소식을 접한 후 함께 더 많은 시간을 보내기 위해 여행을 떠나면서 유튜브를 시작했다. 박막례 할머니는 최근 공중파 광고에도 출연하는 등 제2의 인생을 멋지게 즐기고 있고, 많은 사람들이 자신의 할머니를 떠올리며 그녀의 행보를 응원하고 있다.

유튜브는 이렇게 어린아이부터 실버 세대까지 전 세대에 걸쳐 폭넓게 사랑받는 SNS다. 성공한 유튜버들의 공통점은 세대를 아우르는 공감의 메시지를 자신의 채널에 담아냈다는 것이다. 지금도 많은 사람들이 자신의 꿈을 찾기 위해, 사업을 성공적으로 키우기 위해 유튜브 채널을 운영하고 있다. 이들이 어떤 메시지를 채널에 담고 있고, 어떻게 구독자들에게 접근하고 있는지 벤치마킹한다면 당신도 충분히 할 수 있다.

카페 창업

대리점 창업으로 3개월만에 월 매출 6,000만원 달성의 비밀 가성비 가구 대리점의 숨은 노하우 가구 창업
[광고] 마켓비 · 조회수 12만회
라이프스타일의 변화로 매년 급성장하는 홈퍼니싱 시장

5000만원 빚내서 카페 창업한 25살, 창업부터 폐업까지 현실적 이야기 (이세잎 1부) [창업, 카페, 폐업]
신사임당 · 조회수 32만회 · 1개월 전
5000만원 빚내서 카페 창업한 25살, 창업부터 폐업까지 현실적 이야기 (이세잎) [창업, 카페, 폐업] 오늘 만난 사람 이세잎 단국대 ...

25살 개인카페창업, 너무 솔직한 Q&A 🍰 카페 매출, 창업비용까지 모두 알려드림! (+유튜브수익)
김연츄 · 조회수 16만회 · 6개월 전
ASMR만드는 연츄의 일상기록입니다. oASMR채널 (본계정) https://www.youtube.com/channel /UCjypzyxU_p0_0ElbWSl8QQw ...

[카페창업브이로그1] 1인 디저트 카페를 창업했다 셀프인테리어 기록 cafe vlog
고요비|koyobi · 조회수 69만회 · 2개월 전
안녕하세요 카페를 창업하는 것에 시간을 다 써서 .... 오랜만에 영상 올리게 됐어요 우선 기다려주신 구독자분들 정말 감사합니다 영상 ...

25살에 카페 창업하는 방법? | 카페 사장되려면 얼마가 필요할까 | 소자본창업 | 소상공인 청년고용특별자금 대출
yommy store | 요미상회 · 조회수 3.1만회 · 3주 전
안녕하세요 맛있는 상점, 요미상회입니다🌿 저는 25살에 카페를 창업하고, 현재 3년째 운영하고 있는데요 저처럼 어린 나이에, 적은 ...

▲ 유튜브에서 '카페 창업'을 검색한 화면

　예를 들어 카페를 운영 중이라면 다른 카페를 운영하는 경쟁자들이 어떤 식으로 콘텐츠를 만드는지 찾아보기 바란다. 유튜브 검색창에 '카페 창업'을 검색해보자. 제일 상단에 유료 광고가 노출되고, 하단에는 젊은 나이에 카페를 창업한 유튜버들의 콘텐츠가 눈에 띈다. 이들의 채널로 들어가 어떤 콘텐츠를 만들었고, 반응이 좋았던 동영상은 무엇이었는지 벤치마킹해보자. 초반에는 콘텐츠를 올려도 반응이 미미하고 댓글도 달리지 않아 마음이 급할 수 있지만 끈기를 갖고 포기하지 말자. 첫술에 배 부른 법은 없으니까.

어떤 콘텐츠가
사랑받을까?

유튜브 초창기에는 흥미와 재미가 가미된 자극적인 동영상이 주류였지만 현재는 조금 다른 양상을 보이고 있다. 구독자들의 니즈가 다양해지면서 정보를 충실하게 전달하는 콘텐츠가 사랑받기 시작한 것이다. 시선을 끌기 위해선 재미가 빠져선 안 되지만 결국 오랫동안 꾸준히 사랑받기 위해서는 구독자들이 원하는 내용이 담긴 정보를 충실하게 전달하는 콘텐츠를 만들어야 한다. 지금 유튜브에는 너무나 많은 정보가 떠다니고 있다. 그중에는 콘텐츠는 정말 유용한데 편집이 어색해 외면받는 동영상도 있고, 조회수는 높은데 알맹이가 없는 동영상도 있다. 자신의 사업과 관련 있는 동영상을 최소 20~30개가량 살펴보면서 분석하고 연구해야 같은 실수를 하지 않을 수 있다.

업종에 따라 콘텐츠의 색깔도 크게 달라질 것이다. 마케팅 관련 강연을 짤막하게 올리는 필자의 경우 뉴스 앵커처럼 10분 이상 특정 주제에 대해 냉철하게 분석하는 식으로 콘텐츠를 만들고 있다. 필자처럼 강연을 한다면 상대방을 이해시키고 주장을 관철하는 태도가 무척 중요하다. 필자의 잠재고객은 40~50대 소상공인, 중소기업의 오너 등이기 때문이다. 만일 잠재고객의 연령대가 20대라면 흥미 위주로 보다 재미있고 유쾌한 톤으로 동영상을 찍었을 것이고, 10대라면 좀 더 텍스트를 줄이고 음향과 시각 자료에 집중했을 것이다. 이처럼 사업의 성향에 따라 유튜브 콘텐츠의 색깔도 완전히 달라진다.

유튜버 본인의 성향에 따라서도 콘텐츠의 색깔은 달라진다. 본인이 진지한 성격인데 트렌드를 따른다고 애써 유쾌한 척 콘텐츠를 만들면 구독자들은 되레 어색하게 느낄 것이다. 유머러스한 사람이라면 충실한 정보를 지루하지 않고 밝게 전달하면 되고, 논리적인 성향이라면 정확한 근거를 바탕으로 치밀하게 정보를 전달하는 방식이 호응을 얻을 것이다. 유튜브 마케팅에서 구독자 수만큼 중요한 것은 동영상의 조회수다. 마케팅 파급력을 높이기 위해선 일단 조회수를 가장 민감하게 신경 써야 한다. 구독자와 조회수 양쪽 다 만족할 만한 결과물을 얻기 위해서는 내용이 충실해야 하며, 콘텐츠에 본인의 색깔을 잘 입혀 어색함이 없어야 한다.

유튜브에는 숨은 고수들이 가득하다. 콘텐츠 한두 개를 잘 만들었다고 해서 대박이 나는 경우는 극히 드물고, 좋은 콘텐츠를 다양하게 올렸을 때 인기를 끄는 경우가 많다. 아직 빛을 보지 못한 고수들의 콘텐츠가 수두룩하기 때문에 조금만 모니터링을 하면 많은 것을 배울 수 있다. 유튜브는 특히 공부하는 자세가 중요한 SNS다. 당신의 숨소리, 말투, 품성이 모니터 안에서 또는 5인치 스마트폰 화면을 통해 그대로 전달되기 때문이다. 대중에게 사랑받는 고수들의 콘텐츠를 하나씩 살펴보며 참고하기 바란다.

1. 빨강도깨비

최근 필자의 눈길을 끈 유튜버 '빨강도깨비'는 영화와 관련된 콘텐츠를 만드는 크리에이터다. 건설회사에 재직 중인 그는 해외 출장을 자주 다니다 보니 비행기에서 영화를 즐겨 봤고, 그것을 토대로 콘텐츠를 만들게 되었다. 빨강도깨비는 〈어벤져스: 에이지 오브 울트론〉이

개봉했을 때 긴 영화의 내용을 단 10분 남짓으로 만든 다른 유튜버의 동영상을 받고 충격을 받아 유튜브를 시작했다고 한다. 유튜버로 경쟁력을 갖춘 이후에는 회사를 퇴사하고 전업으로 자신이 좋아하는 영화에 대해 이야기하고 있다.

2. 잡큐멘터리

'잡큐멘터리'는 아르바이트 체험을 소재로 동영상을 찍어 신선한 인기를 끌고 있는 채널로, 대학생 시절 다양한 아르바이트를 경험하면서 영감을 얻었다고 한다. '붕어빵 알바' 시리즈가 잔잔한 인기를 얻으면서 현재는 10만 명이 넘는 구독자를 확보한 상태다.

3. 진용진

'진용진' 채널은 평소에 궁금했던 것들을 본인이 직접 체험하며 보여주는 콘텐츠를 올리고 있다. 엉뚱하다 싶을 만큼 황당하고 무모한 궁금증도 척척 해결하며 큰 사랑을 받고 있다. 예를 들어 '정수기에 콜라를 넣으면 깨끗한 물이 나올까?' '나이트 전단지에 있는 연예인 진짜로 올까?' 등 직접 궁금증을 푸는 과정을 체험한 동영상을 올리고 있다. 개인적으로 아이디어 하나만 놓고 보면 독보적인 크리에이터라고 생각한다.

4. 단희TV

'단희TV'는 50대를 타깃으로 시니어층에게 도움이 되는 유용한 콘텐츠를 올리는 채널이다. 주로 부동산 콘텐츠를 업로드하면서 유튜브 관련 정보, 재테크 노하우 등 시니어층에게 필요한 정보를 폭넓게 다루고 있다. 현재 약 50만 명에 가까운 구독자를 모았으며, '은퇴한 50~60대는 하지 말아야 할 것' '은퇴 후 나에게 사라지는 다섯 가지' 등 양질의 콘텐츠를 많이 올리고 있다.

5. 코미꼬

'코미꼬'는 스페인과 관련된 콘텐츠를 올리는 채널이다. 축구를 좋아하는 필자가 라리가에서 뛰고 있는 이강인 선수의 소식을 듣기 위해 자주 찾는다. 스페인에서 스페인어로 이것저것 도전하는 해당 유튜버는 아마도 스탠드업 코미디를 꿈꾸는 예술가인 듯하다. 그는 이강인 선수가 경기에 출전한 날에는 어김없이 스페인어로 올라온 현지 팬들의 글을 번역해주는 등 유머러스한 방송을 진행한다. 재미있는 언변으로 꽤 두터운 독자층을 거느리고 있다. 스페인어를 배우고 싶은 이들에게 강력 추천하는 채널이기도 하다.

업종별
유튜브 마케팅

모든 업종을 전부 다룰 수는 없겠지만 대표적인 업종 몇 가지를 추려 성공한 채널의 사례를 분석해보겠다. 자신의 사업을 유튜브 채널과 어떻게 연계할지 고민해보기 바란다.

1. 스타트업 창업자들을 위한 'EO'

28만 명에 가까운 구독자를 확보한 'EO' 채널의 EO는 기업가정신 (entrepren eurship)과 기회(opportunities)의 약어로, 국내 벤처기업의 성공사례 등을 소개하고 있다. 큰 기업과 맞서는 중소기업의 경쟁력을 분석하고, 뛰어난 아이디어로 창업한 스타트업 대표들과 진솔하게 대화를 나눈 인터뷰가 주요 콘텐츠다. 스타트업을 준비하고 있거나 창업했다면 유용한 정보를 얻을 수 있는 채널이다.

2. 자영업자를 위한 '마켓컬리' '30대 자영업자의 이야기'

'마켓컬리'는 새벽 배송으로 유명한 기업의 채널이다. 당일 수확한 유기농 채소, 과일 등의 정보를 제공해 특히 요식업에 종사하는 자영업자에게 유용하다. 공기업을 퇴사하고 식당을 창업한 '30대 자영업자 이야기' 채널도 대한민국에서 자영업자로 살아가는 이들이 꼭 구독해야 할 채널이다. 현재 자영업자로 살아가고 있는 사장님들을 찾아가 그들의 삶을 인터뷰하면서 콘텐츠를 만드는 채널인데, 우리나라 1인 사업자들의 애환이 콘텐츠에 고스란히 묻어난다. '30대 자영업자의 이야기' 채널은 진정성 있는 콘텐츠로 약 27만 명의 구독자를 확보했다.

3. 리뷰 콘텐츠 노하우를 배울 수 있는 '김새해'

책을 좋아하는가? 독서를 좋아하지 않는다면 대신 책을 읽어주고 해설까지 해주는 '김새해' 채널에 주목하기 바란다. 김새해 작가는 책을 리뷰하는 콘텐츠로 많은 구독자들에게 큰 사랑을 받고 있다. 특이한 점은 실시간 채팅 서비스를 통해 구독자들과 질문을 주고받으며 소통을 이어나가는 방식으로 동영상을 촬영한다는 것이다. 리뷰 콘텐츠 노하우가 궁금하다면 꼭 살펴봐야 하는 채널이다.

4. 제품을 직접 소개하고 싶다면 '테일언니'

최근 제품을 직접 소개하면서 마케팅하는 채널도 많이 늘어나고 있는데, 그중 13만 명의 구독자를 확보한 '테일언니' 채널이 특히 눈에 띈다. 소호몰의 제품을 직접 써보면서 블로그 체험단처럼 리뷰하는 콘텐츠를 올리고 있는데, 제품에 대한 분석이 뛰어나 소비자로 하여금 구매욕을 불러일으키는 실력이 뛰어난 채널이다.

5. 오프라인 매장이 있다면 '킥튜브'

'킥튜브'는 킥복싱 체육관을 운영하면서 운동하는 관원들의 모습을 촬영하는 채널이다. 특히 재밌는 썸네일로 많은 사랑을 받고 있는데, 피트니스센터, 체육관 등을 운영하는 사업자라면 참조할 만한 콘텐츠가 많아 유용하다.

따라하면 매출이 따라오는 SNS 마케팅

애드센스를 통한
수익 창출

　　　　네이버 블로그의 경우 애드포스트를 통해 광고 수익을
창출할 수 있지만, 페이스북과 인스타그램은 아무리 좋은 콘텐츠를 올
려도 따로 돈을 주지는 않는다. 그런데 유튜브는 다르다. 유튜브는 조
회수와 광고 시청 시간에 따라 비교적 공정하게 광고비를 지급하고 있
다. 콘텐츠를 만들어 브랜딩을 하면서 동시에 광고 수익까지 얻을 수
있다니 이 얼마나 신나고 재미있는 일인가?

　　구글 애드센스란 구글이 운영하는 광고 게재 사업을 의미한다. 구
글 애드워즈(adwords)와 헷갈리는 경우가 많은데 구글 애드워즈는 광
고주가 주체가 되어 제휴 검색엔진에 동시에 광고를 내는 유료 서비스
를 뜻한다. 반면 애드센스(adsense)는 유튜브 채널 등 웹사이트 관리자

광고 등록(설정) 후 구글 네트워크 및
제휴 매체에 광고 송출

광고주가 등록한 광고를
자신의 채널 또는 커뮤니티에 게재

광고주
〈애드워즈〉

사이트 관리자
〈애드센스〉

자가 주체가 되어 다른 광고주가 등록한 광고를 노출시켜 수익을 내는 서비스다. 즉 애드워즈를 활용한 다른 광고주의 광고를 애드센스를 통해 내 플랫폼에 송출하는 개념이다.

애드센스의
수익 창출 조건

애드센스로 광고 수익을 얻기 위해서는 일정 조건을 충족한 후 구글로부터 승인을 받아야 한다. 애드센스의 수익 창출 조건은 다음과 같다.

1. 구독자 1천 명 이상
2. 시청 시간 4천 시간 이상

유튜브 애드센스 광고 형식

광고 형식	게재 위치	플랫폼	사양
디스플레이 광고	추천 동영상 오른쪽과 동영상 추천 목록 상단에 게재	PC	300×60px
오버레이 광고	반투명 오버레이 광고가 동영상 하단 20% 부분에 게재	PC	468×60px 또는 728×90px
건너뛸 수 있는 동영상 광고	시청자가 5초 후 건너뛸 수 있는 광고로, 범퍼 광고와 함께 재생될 수 있음. 동영상 전후 또는 중간에 삽입	PC, 모바일, TV	동영상 플레이어에 맞게 재생
건너뛸 수 없는 동영상 광고	시청자가 끝까지 시청해야 동영상을 볼 수 있는 광고로, 동영상 전후 또는 중간에 삽입	PC, 모바일	동영상 플레이어에 맞게 재생 (15초 또는 20초)
범퍼 광고	시청자가 끝까지 시청해야 동영상을 볼 수 있는 광고로, 건너뛸 수 있는 광고와 함께 재생될 수 있음. 동영상 전후 또는 중간에 삽입	PC, 모바일	동영상 플레이어에 맞게 재생 (최대 6초)
스폰서 카드	동영상과 관련 있는 제품 등이 카드 형태로 몇 초간 노출	PC, 모바일	카드 크기는 다양함

자료: 유튜브

수익 창출 조건을 달성하고 승인을 받으면 그때부터 광고를 노출시켜 수익을 얻을 수 있다. 유튜브 광고의 형식은 '디스플레이 광고' '오버레이 광고' '건너뛸 수 있는 동영상 광고' '건너뛸 수 없는 동영상 광고' '범퍼 광고' '스폰서 카드' 여섯 가지가 있다. 자세한 설명은 유튜브 애드센스 광고 형식 도표를 참고하기 바란다.

참고로 수익 창출 조건을 충족해도, 그리고 구독자가 아무리 많아도 조회수가 나오지 않으면 수익이 적어질 수 있다. 반대로 구독자가 좀 적더라도 조회수가 많이 나오면 수익을 많이 받게 된다. 따라서 동영상에 볼거리가 많고 유익한 내용이 많으면, 즉 광고를 스킵하지 않고 전체를 다 보는 사람들이 많으면 모두 수익으로 연결될 수 있다. 이렇게 광고 수익 면에서는 조회수가 더 중요하다고는 하지만 일단 구독자 수는 많으면 많을수록 좋다. 동영상의 퀄리티만 좋으면 아무래도 구독자가 적은 채널보다는 많은 채널이 두각을 드러낼 확률이 높기 때문이다. 그러나 오로지 구독자 수만 늘리기 위해 낚시성 동영상이나 과하게 자극적인 동영상을 찍는 것은 좋지 않다. 모래 위에 쌓은 성은 금방 무너지기 마련이다.

때때로 어떤 사업자는 급한 마음에 얼른 광고 수익 창출 조건(1천 명의 구독자와 4천 시간의 시청 시간)을 맞추려고 무리하게 콘텐츠를 올리고는 한다. 이렇게 억지로 조건을 맞추면 광고 승인이 나도 몇 달 동안 광고 수익이 0원일 가능성이 크다. 조건 충족 여부와 무관하게 콘텐츠의 질이 현저하게 떨어지는 경우에는 광고 수익을 창출할 수 없다. 혹시 이런 경우에 해당되는 유튜버가 있다면 지금부터라도 구독자들이 좋아할 만한 양질의 콘텐츠를 꾸준하게 올리기 바란다. 그렇게 하다 보면 어느 순간 내 동영상에 광고가 붙어 수익을 창출할 수 있다. 급하게 먹으려다 오히려 더 늦게 먹거나 체할 수 있으니 정상적으로 좋은 동영상을 올려 애드센스를 신청하기 바란다. 참고로 유튜브도 채널 운영자끼리 서로 구독을 하는 맞구독의 개념이 있다. 인스타그램의 맞팔과 마찬가지로 맞구독도 마케팅에는 큰 도움이 되지 않으니 너무 의존하지 않는 것이 좋다.

충성팬을 모으고,
좋은 콘텐츠를 만들자

　유명 연예인들의 팬덤은 상상을 초월할 정도로 그 깊이가 남다르다. 유튜브에서도 그러한 팬덤을 형성한 유명 유튜버들이 있다. 어린 아이들의 대통령으로 불리는 유튜버 도티가 대표적이다. 어릴 적 꿈이 방송국 PD였던 도티는 우연히 게임하는 동영상을 재미있게 찍어 유튜브에 올리면서 유튜버의 길로 들어섰고, 지금은 그 어떤 PD보다 더 유명인사가 되었다. 물론 그가 아무리 두터운 충성팬을 확보한 유튜버라 하더라도 구독자의 뜻과 반하는 콘텐츠를 올리거나 사회적 물의를 빚는다면 영향력은 사그라들 것이다.

　유튜브에 지속적으로 좋은 콘텐츠를 올린다는 것은 참으로 어렵다. 일단 '좋은' 콘텐츠라는 기준이 구독자마다 제각기 다르고, 콘셉트를 일관되게 유지하면서 여러 콘텐츠를 양산하는 게 어렵기 때문이다. 유

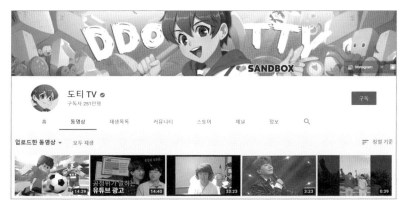

▲ 도티의 채널. 방송국 PD가 꿈이었던 도티는 우연히 게임하는 동영상을 재미있게 찍어 유튜브에 올리면서 유튜버의 길로 들어섰다.

콘텐츠 동영상의 기본 구조 샘플

동영상 1		동영상 2	
배경음악			
자막 1	자막 2	자막 3	자막 4

재생 흐름

튜브를 할 때 우리가 꼭 명심해야 할 점은 내 채널의 주제에 맞는 콘텐츠를 꾸준히 만들어야 한다는 것이다.

좋은 콘텐츠를 만들기 위해선 우선 동영상 편집 프로그램과 친해져야만 한다. 컴퓨터로 관련 프로그램을 활용하는 게 너무 막막하다면 스마트폰 애플리케이션으로도 간단히 가능하다. 동영상 편집 애플리케이션으로 어느 정도 편집에 익숙해진 뒤 전문 프로그램으로 넘어가는 방법도 있다. 콘텐츠는 대개 2개 이상의 동영상을 이어 붙여 만들어진다. 한 번의 촬영으로 끝내는 경우는 거의 없다. 콘텐츠 동영상의 기본 구조 샘플처럼 컷을 합치고, 배경음악을 깔고, 어울리는 자막을 넣는 등 편집을 거쳐 완성도 있는 콘텐츠를 만들어야 한다. 팁을 하나 주자면 자막과 배경음악만 깔끔하게 잘 넣어도 구독자들의 반응이 훨씬 좋을 것이다.

주제가 고갈되어 더 이상 콘텐츠를 만들기 어렵다면 브레인스토밍을 하듯이 생각의 곁가지를 늘려보자. 만약에 친환경 제품을 파는 사업을 한다면 레고 화분을 만들어 그 안에 식물을 키우는 동영상을 찍을 수도 있고, 식물과 연관된 물, 땅, 공기, 씨앗 등 다양한 소재를 활용해 콘텐츠를 만들 수 있을 것이다. 이렇듯 콘텐츠가 고갈되었을 때는 이전에 올린 콘텐츠의 주제와 연결할 수 있는 소재를 찾는 노력이 필요하다.

일단 시작했다면 귀찮더라도 그 순간을 이겨내고 오늘도, 내일도, 모레도 동영상을 찍어 콘텐츠를 만들어야 한다. "다이어트를 막는 최고의 적은 피트니스센터의 문"이라는 말이 있다. 피트니스센터 문만 열면 성공인데 거기까지 가기가 힘들다는 뜻이다. 피트니스센터에 회원 등록을 했다면 무슨 일이 있어도 운동을 해야 한다. 구독자들이 원하는 모습은 당신이 꾸준히 운동하는 모습이다. 당신처럼 살을 빼거나 근육을 키우기 위해 몰려든 사람들이기 때문에 그냥 아무 생각 없이 운동만 열심히 하면 된다. 구독자가 궁금해하고 원하는 것을 내가 보여주는 것. 이것이 바로 좋은 콘텐츠를 만드는 비결이다.

SNS MARKETING

PART 6

마케팅 자동화 시스템을 구축하라

광고가 저지를 수 있는
최대의 죄악은
눈에 안 띄는 것이다.
_ 존 케이플즈(John Caples)

자는 동안에도 통장에 돈이 쌓인다

앞서 마케팅 시장은 나노타기팅, 마이크로타기팅의 시대가 되었다고 이야기한 바 있다. 이제 내 제품과 서비스를 홍보하기 위해 타깃 고객이 아닌 불특정 다수 전부에게 불필요하게 광고를 노출할 필요가 없게 되었다. 성년의 날에 향수를 팔고 싶다면 20~30대 전체가 아닌 19~20세 여성에게만 효율적으로 광고를 노출시킬 수 있고, 다시 그중에서도 연애 중인 사람들만 추려 광고를 노출시킬 수도 있다. 이렇게 잠재고객의 방대한 데이터를 활용해 실시간으로 타깃에게 메시지를 제시하는 솔루션을 구축하는 것을 바로 마케팅 자동화라고 한다.

과거에는 타깃 고객에 대한 접근성이 굉장히 떨어졌다. 자사의 고객 데이터를 일일이 직접 분류하고, 문자와 메일을 보내고, 고객 등급별로 혜택을 주는 등 신경 써야 할 일이 참 많았다. 하지만 현재는 마케팅 자동화를 바탕으로 고객의 빅데이터를 적극적으로 제공하는 플랫폼이 많이 등장했다. 그 서두에 앞서 차례대로 배운 SNS들이 있다. 자본이 많지 않은 작은 기업도 SNS만 잘 활용하면 적은 비용으로 마케팅 자동화 시스템을 구축할 수 있게 되었다. 사업자가 SNS 마케팅에 심혈을 기울여야 하는 이유다.

사업은 24시간 하는 것이다

오프라인 매장이 있는 업종, 즉 미용실, 피트니스센터, 음식점 등 많은 회사가 문을 닫고 퇴근하면 더 이상 손님이 없어 매출이 발생하지 않는다. 이르면 오후 6시, 혹은 7~9시, 늦어도 10시 이후에는 매출이 0원이 된다. 임대료와 인건비 등은 계속 나가는데 밤만 되면 매출이 정체되니 아깝지 않은가? 매장이 문을 닫은 이후에도 매출을 창출할 수 있는 방법이 있다면 시도하지 않을 이유가 없을 것이다. '온라인 쇼핑몰을 운영하라는 뜻인가?'라고 생각할 수도 있다. 온라인이야 잠들지 않는 세상이니 사업자가 자는 동안에도 매출이 계속 생긴다. 그러나 온라인으로 제품을 판매할 수 없는 업종이라면 불가능할 것이고, 온라인 쇼핑몰은 여러모로 신경 써야 할 것이 너무 많아 제2의 창업이나 다름없다.

우리는 잠자는 시간에도 돈을 벌고 싶다. 정확히는 따로 더 일을 하는 것이 아니라 '잠을 자면서' 추가로 수익을 얻고 싶다. 그런 이들에게 필자는 우선 자신이 어떤 콘텐츠와 어떤 강점을 갖고 있는지 파악하라고 조언한다. 오랫동안 청바지 무역업으로 승승장구하다 부도가 난 사업자 K는 재기를 위해 스스로 어떤 강점이 있는지 점검하는 시간을 가졌다. 그는 다른 누구보다 청바지에 대한 해박한 지식을 많이 갖고 있었고 이를 바탕으로 다시 일어서야겠다는 결심을 했다. 결국 K는 자신의 사업 감각과 비즈니스 노하우를 살려 청바지에 대한 지식을 데이터화한 후 다른 사업자에게 솔루션을 제공하는 사업을 시작해 재기에 성공했다. 사람들은 의외로 자신이 갖고 있는 콘텐츠와 강점을 잘 모르는 경우가 많다. 사실 어떤 분야에서 자신의 사업을 하고 있다는 것은 실무적인 측면에서 깊이 있게 관련 노하우를 축적했다는 말과 같다.

최근 자신만의 강점과 노하우를 살려 비즈니스에 활용하는 이들이 늘어나고 있다. SNS 플랫폼이 다양화되면서 이제 누구나 자신의 재능으로 돈을 벌 수 있는 시대가 되었다. 지식산업뿐만 아니라 유무형의 제품이나 서비스에도 충분히 적용 가능한 방법으로, 남들이 비용을 지불하고서라도 얻고 싶어 하는 가치 있는 제품, 서비스, 정보라면 누구나 돈을 벌 수 있다. 얼마 전 페이스북에서는 디자인 실력이 모자라거나 동영상을 만들고 싶은데 편집이 어려워 포기한 이들을 위한 솔루션을 제공하는 인플루언서가 등장해 화제가 되었다. 클릭 한두 번만으로 멋진 포스터를 디자인하거나 세련된 동영상을 만들 수 있게 도와주는 등 큰 화제를 불러일으킨 적이 있다. 필자도 어떤 서비스인가 궁금해 구매해 사용한 적이 있는데, 이처럼 자신의 재능을 살려 사업화한 사례가 참 많다.

남들이 갖고 있지 못한 것을 제공하는 콘텐츠는 구매율이 무척 높게 나온다. 물론 이런 솔루션을 개발하기 위해서는 고객의 니즈를 민감하게 파악하고 분석해야 하기 때문에 쉬운 일은 아니다. 또한 아무리 솔루션이 좋아도 홍보가 안 되면 빛을 보지 못하니 SNS 마케팅도 반드시 병행해야 한다. 처음에는 SNS로 관계를 맺은 사람들에게 솔루션을 무료로 제공하는 등 적극적으로 홍보해 알려야 한다. SNS 친구들과의 관계를 돈독히 유지함으로써 그들로 인해 당신의 브랜드가 점차 알려지는 구조, 즉 바이럴 마케팅을 유도해야 한다.

마땅히 솔루션으로 제공할 지식 콘텐츠가 없다면 자신의 사업에 초점을 맞춰 마케팅 자동화 시스템을 구축하면 된다. 본인이 제조업을 하는 생산자의 입장이라면 밤에도 생산라인을 가동하면 되니 문제가 없다. 그러나 일반적인 소상공인, 중소기업의 경우에는 온라인 쇼핑몰이 없는 한 밤에 문을 연다고 해서 매출이 생기지는 않는다. 과거의 마케팅 방식은 이랬다. 전통적인 광고매체를 통한 광고(ATL; Above The Line)와 프로모션 등 ATL 이외의 광고(BTL; Below The Line)로 매출을 창출하는 식이었다. 이는 효과가 뛰어나지만 자본이 풍부해야 가능하다는 단점이 있다. 따라서 소상공인, 중소기업이라면 마케팅 자동화를 통해 적은 비용으로 밤에도 매출이 창출되도록 해야 한다.

우선 앞서 차례대로 배운 네이버 블로그, 페이스북, 인스타그램, 유튜브 등을 활용한 SNS 마케팅을 통해 잠재고객과 만날 활로를 모색해야 한다. 콘텐츠를 만들어 그 콘텐츠를 판매하거나, 콘텐츠를 통해 제품과 서비스를 홍보하는 것이다. 직접적으로 제품과 서비스를 언급하지 않고 구매를 자극하는 메시지를 우회적으로 담아 노출하는 것도 한 방법이다. 이렇게 마케팅 자동화가 가능해지면 상대적으로 비용과 시간을 아끼면서 사업을 성장시킬 수 있다. 지금도 기업들은 잠재고객의 데이터를 확보한 후 미리 만들어둔 여러 콘텐츠를 전송하는 방식으로 사업을 키우고 있다. 첫째 날 보낼 콘텐츠, 둘째 날 보낼 콘텐츠, 셋째 날 보낼 콘텐츠 등을 미리 세팅해놓고 잠재고객에게 문자, 이메일 등으로 전파하는 것이다. 온라인 쇼핑몰이 있든 없든 판매할 유무형의 무언가만 갖고 있으면 누구나 충분히 가능한 방법이다.

"아니, 아까는 온라인 쇼핑몰이 번거롭고 일이 많다면서요. 마케팅 자동화도 만만찮게 어려워 보이는데요?" 하고 반문할 수도 있다. 물론 익숙해지기 전까지는 시간과 노력이 많이 소요되겠지만 일단 익숙해지면 훨씬 수월해진다. 전 세계 마케터들이 마케팅 자동화에 주목하는 이유는 단순 반복 업무를 자동화해 큰 성과를 낸 검증된 방법이기 때문이다.

SNS 마케팅이 어려운 이유는 다수의 SNS 계정을 일일이 관리해줘야 하기 때문이다. 하지만 목마른 자가 우물을 판다고 했던가? 손쉽게 SNS 계정을 운영하는 방법은 많다. SNS 통합 관리의 대명사인 훗스위트(hootsuite) 서비스가 좋은 예다. 훗스위트는 한 화면에 페이스북, 인스타그램, 트위터 등 여러 SNS 계정을 통합적으로 관리할 수 있게 도와주는 서비스다. 통상 작업 시간을 절반 이상 줄여주는 효과가 있다고 한다. 훗스위트 홈페이지(hootsuite.com)에 가입하면 누구나 쉽게 해당 서비스를 이용할 수 있다. 이미 많은 마케터들이 훗스위트를 통

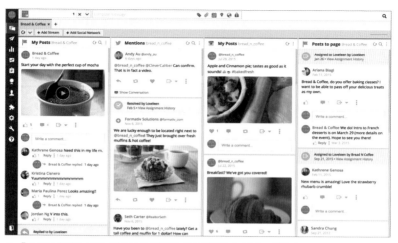

▲ 훗스위트 서비스 화면. 여러 SNS 계정을 쉽게 관리할 수 있게 도와준다.

해 여러 SNS 채널을 통합적으로 관리하고 있다.

온라인은 24시간 잠들지 않기 때문에 SNS 마케팅을 통해 누구나 24시간 자신의 사업을 키울 수 있다. 강연을 하는 필자의 경우 강의 동영상 콘텐츠를 판매할 수도 있고, 동영상이 아니더라도 텍스트만 정리해 판매할 수도 있다. 이 밖에도 좀 더 효율적으로 부가가치를 창출할 수 있는 방법은 얼마든지 있다. 당신이 어떤 제품을 대량으로 만들어 납품하는 생산자가 아니라면, 거대 유통망을 통해 무언가를 판매하는 사업자가 아니라면 철저하게 특정 타깃을 대상으로 한 온라인 마케팅에 힘을 쏟아야 한다. 과거에는 지식산업이 아닌 이상 마땅한 플랫폼이 없어 제조업, 소매업, 요식업 등의 직군에서는 이러한 마케팅 자동화가 어려웠지만 이제는 그렇지 않다. 하고자 하는 의지만 있다면 누구나 할 수 있다.

소상공인이
고전하는 이유

때때로 우리 사회에서 가장 슬픈 단어가 바로 '소상공인'이 아닐까 싶다. 뉴스에서는 늘 600만 명의 소상공인이 오늘도 어떻게 힘들었고, 앞으로는 어떻게 더 힘들 것인지에 대한 이야기가 끊이질 않는다. 그 중에는 매일 손님들로 북적여 즐거운 비명을 지르는 이도 있겠지만 힘들게 하루하루를 버티는 이가 많은 것이 현실이다. 코로나19 등 외부 변수로 경기가 악화될 때마다 휘청이는 이들도 많다.

필자가 강의를 하면서 본 소상공인들은 온라인 마케팅에 대한 관심이 참 많았다. 각 지역 기술센터, 각종 강연과 모임에서 따로 교육을 받지 않는 이상 SNS 마케팅을 배울 길이 마땅치 않다며 먼 길을 찾아왔다고 호소하는 소상공인도 자주 보았다. 그래서 이 책은 필자가 모든 현장에 나가 교육을 할 수는 없으니 자영업자, 소상공인 등이 따로 교육을 받지 못하더라도 SNS 계정 운영을 수월히 할 수 있게끔 구성되었다. 그러나 이렇게 SNS 마케팅에 대해 배우더라도 그것을 현장에 제대로 적용하는 사업자는 그리 많지 않은 듯하다. 물론 각자 사정은 있겠지만 매출을 키울 수 있는 방법이 명확한데 따르지 않는 것을 보면 안타까운 마음이 든다.

교육을 들으러 오는 소상공인들에게 "그럼 지금 홍보는 어떻게 하고 있으세요?"라고 물어보면 열에 아홉은 "블로그랑 이것저것 하고는 있는데 효과가 없네요."라고 답하곤 한다. 페이스북을 하고 있느냐고 물어보면 안 한다고 답하는 비율이 반 이상이고, 유튜브 채널을 운영하고 있느냐고 물어보면 거의 대부분은 하지 않는다고 답한다. "인스타그램은 하고 있으시죠?"라고 물어보면 이 역시 절반 가까이 아니라고 답한다. 결국 페이스북, 인스타그램, 유튜브 등 요즘 뜨거운 핵심적인 채널은 다 운영하지 않고 블로그 하나에만 매달리는 사업자가 태반이란 뜻이다. 그러면서 SNS 마케팅이 효과가 없다고 생각하는 경우가 많다. SNS 마케팅을 하지 않는다는 건 오로지 단골 장사로 매출을 만든다는 뜻인데, 단골의 수가 고정적으로 수백, 수천 명씩 있지 않은 이상 큰 매출을 올리기란 쉽지 않다.

하루 종일 매장에서 일하면서 응대하느라 퇴근 후에는 녹초가 된다며 SNS를 할 엄두가 나지 않는다는 사업자도 있다. 힘들게 하루 장사를 마친 자영업자에게 마케팅 자동화까지 신경 쓰라고 하면 가혹한 일일지도 모른다. 그러나 매장 관리, 손님 응대는 누구나 다 하는 것이다. 남들이 다 기본적으로 하는 일만 하면서 남들보다 더 많은 돈을 벌길 바라서는 안 된다. 필자는 온라인에서 지속적으로 홍보가 되는 구조만 구축하면 최소한 망하는 일은 없을 것이라고 장담한다. 사업의 흥망성쇠에는 여러 요인이 있겠지만 소상공인들의 경우에는 SNS 마케팅만 꾸준히 잘해도 사업이 매년 성장할 수밖에 없다. 결국 지금의 환경보다 좀 더 나은 무언가를 원한다면 스스로 더 노력하고 자신의 강점을 갈고닦아야 한다.

혹시 여러분들의 매장에 방문한 고객들의 전화번호를 모으고 있는가? 아니면 쿠폰 등을 발행해 고객의 명함을 받고 있는가? 아니면 이메일 주소라도 모으고 있는가? 그렇지 않다면 지금이라도 고객들의 정보를 최대한 많이 확보하기 바란다. SNS 마케팅이 어렵다면 이렇게 직접 발로 뛰며 단골 관리를 하는 수밖에 없다. 이는 망망대해에 나가 낚시대를 들고 물고기가 낚이기를 기다리는 것과 같다. 반면 SNS 마케팅을 잘 활용하는 사업자들은 가두리 양식장처럼 그물을 쳐서 구획을 짓고, 자신이 원하는 잠재고객만 쏙쏙 골라 효과적으로 관리하고 있다.

세상에 공짜 싫어하는 사람 없다는 말이 있듯이 당신이 가지고 있는 지식과 노하우를 무료로 제공할 수 있는 배짱이 있어야 한다. 흔히 속이 좁은 사업자들은 자기가 가지고 있는 알량한 지식을 절대 어디에도 알려주지 않고 꽁꽁 숨기기 바쁘다. 과거에는 몰라도 요즘 같은 시대에는 퇴보하기 딱 좋은 사고방식이다. 당신이 알고 있는 정보는 더 이상 당신만 소유할 수 있는 무언가가 아니다. 간단히 검색만 해도 고급 정보가 줄줄이 쏟아지는 시대가 아닌가? 이미 타인도 알고 있을 가능성이 있다. 정보를 제공하는 데 두려움을 갖지 말고, 오히려 정보라는 그물을 활용해 나만의 가두리 양식장을 만들어보자. 가두리 양식장에 당신의 물고기(잠재고객)를 부지런히 양식해 틈틈이 먹이를 주고 잘 성장시켜보자. 분명 물고기들이 자라면서 매출에 큰 도움이 될 것이다.

잊지 말아야 할 것은 당신이 가장 잘 알고 있는 정확한 콘텐츠를 만들어 제공해야 한다는 것이다. 어설프게 알고 있거나, 사실 확인이 어렵거나, 어디서나 구할 수 있는 콘텐츠로는 성공할 수 없다는 것을 명심하자. 당신만의 가두리 양식장을 만들어 잠재고객에게 꾸준히 먹이를 제공한다면 마케팅 자동화 시스템은 저절로 형성될 것이다.

기존 고객 vs.
신규 고객

마케팅 자동화에 앞서 기존 고객은 몇 명이고 신규 고객은 몇 명 인지, 기존 고객은 어떻게 관리해왔는지, 신규 고객은 어떤 방법으로 유입시키고 있는지 점검할 필요가 있다. 통상 신규 고객 1명을 유치하는 데 드는 비용은 기존 고객을 유지하는 데 드는 비용보다 8배 더 든다는 통계가 있다. 즉 기존 고객을 단골로 만들어 재구매를 유도하는 편이 훨씬 경제적이라는 뜻이다(경제성을 떠나 기존 고객조차 단골로 만들지 못하면서 신규 고객은 어떻게 단골로 만들겠는가). 혹 기존 고객에게 소홀하고 신규 고객을 늘리는 데 온정신을 집중하고 있지는 않은지 되돌아보자.

이미 내 제품과 서비스를 체험한 고객은 호불호가 정해진 상태이므로 긍정적인 피드백이 올 수도 있고 부정적인 피드백이 올 수도 있다. 이때 기존 고객의 반응을 잘 체크해 긍정적인 피드백을 준 고객은 단골로 만들고, 부정적인 피드백을 준 고객은 따로 건의사항을 받아 적극적으로 개선해야 한다. 실제로 규모가 큰 회사들은 기존 고객 관리에 많은 비용을 투자하고 있다. 필자만 하더라도 한번 만족한 브랜드가 있으면 꾸준히 해당 브랜드의 제품을 구매하는 경향이 있다. 그런데 많은 사업자들이 기존 고객 관리에 소홀하고 신규 고객을 유치하기 바쁘다. 지금이야말로 사고의 전환이 필요한 때다. 신규 고객을 당신의 가두리 양식장에 들어온 잉어라고 생각하자. 새로운 물고기를 기다리기보다는 이미 잡은 잉어를 충분히 성장시켜 또 다른 이익을 창출하는 편이 나을 것이다.

그럼 기존 고객은 어떻게 관리해야 할까? 마케팅을 통해 고객의 전화번호, 이메일 주소 등을 모았다면 좀 더 관리가 수월하다. 갖고 있는 전화번호의 수가 3천 개라면 3천 명의 잠재고객을 확보했다는 뜻이다. 이 3천 개라는 숫자의 의미를 진지하게 생각해본 적이 있는가? 매출에서 가장 중요한 숫자는 구매전환율인데, 마케팅 자동화 시스템을 통해 기존 고객을 잘 관리해 재구매율이 30%만 나와도 900개의 제품을 팔 수 있게 된다. 기존 고객의 재구매율을 높이는 방식에 대해서는 뒤에서 더 자세히 설명하겠다.

기존 고객의 데이터가 충분하다면 신규 고객은 소홀해도 되는 걸까? 아니다. 기존 고객을 관리하는 시스템이 어느 정도 자리를 잡으면 이제부터 본격적으로 신규 고객 확보에 힘써야 한다. 작은 기업이 살 길은 활발한 SNS 활동이다. 블로그에서 이벤트를 열어 신규 고객을 유입시키거나, 페이스북에서 활발히 소통해 잠재고객의 정보를 확보하거나, 인스타그램 프로모션을 통해 팔로워를 늘리거나, 유튜브 애드워즈 광고를 집행하는 등 방법은 다양하다. 적은 비용으로 높은 효율을 추구할 수 있으므로 소상공인, 중소기업이라면 반드시 SNS 마케팅에 힘써야 한다. 다수의 SNS가 잠재고객을 효과적으로 공략할 수 있게 도와주는 타기팅 광고 서비스를 제공하고 있다. 확률이 높은 곳에 베팅할 것인가, 확률이 낮은 곳에 베팅할 것인가? 선택은 당신에게 달려 있다.

마케팅 자동화의 종류

       필요한 물건이 있던 직장인 B는 관련 제품을 파는 웹사이트에 들어가 전화번호를 기입하고 회원가입을 진행했다. 그러자 스마트폰으로 방문해주셔서 감사하다는 문자가 왔고, 이후 제품이 업데이트될 때마다 정기적으로 개선된 사항을 알려주는 문자가 왔다. 어느 날은 신제품에 대한 정보를 알려주더니, 또 어느 날은 제품 활용 노하우와 관련된 깊이 있는 정보를 알려주기도 한다. 문자가 불편한 고객을 위해 수신 거부 방법까지 세세하게 안내해주어 전혀 거부감이 느껴지지 않았다. 해당 회사는 이렇게 고객들을 관리하며 은연중에 재구매를 유도하고 있는 것이다. 이처럼 문자와 이메일을 통해 잠재고객에게 정보를 제공하는 마케팅 자동화 프로그램을 미리 세팅해두면 품 들이지 않고 편리하게 고객을 관리할 수 있다. 많은 기업들이 이미 이러한 마케팅 자동화 시스템을 구축해 효과적으로 고객을 관리하고 있다.

가장 보편적인 문자 마케팅

마케팅 자동화 시스템은 어떤 종류가 있고 어떻게 활용할 수 있을까? 우선 가장 보편적인 방법은 문자 마케팅이다. 혹자는 문자 마케팅이 상대방에게 불쾌하게 느껴질 수 있고 스팸으로 여겨질 수 있어 좋지 않다고 이야기하곤 한다. 그러나 이 책에서 이야기하는 문자 마케팅은 철저하게 정상적으로 상대방의 동의를 얻어 확보된 전화번호를 활용한 방법임을 명심하자. 상대방의 동의 없이 얻어진 개인정보를 이용해 홍보하는 것은 불법이며, 브랜드 이미지 제고에도 도움이 될 리 없다. 문자 마케팅은 반드시 정상적인 방법으로 확보된 전화번호를 활용해야 한다.

이메일과 달리 문자는 수신자가 확인하는 비율이 상상을 초월할 정도로 높다고 한다. 이메일은 수백 개가 쌓여도 열어보지 않는 경우가 비일비재하지만 문자는 그렇지 않다. 광고성 문자라도 일단 보고 지우는 과정이 필요하며, 스스로 필요해서 받은 문자라면 대개 잘 확인한다. 이렇게 도달률이 높으니 많은 기업들이 문자 마케팅에 힘쓰고 있는 것이다. 문자의 내용도 미리 시나리오별로 작성해 예약 발행을 해두면 되니 얼마나 간단하고 효율적인가. 간혹 고객에게 문자를 보내는

일정 및 장소

1. **일정** : 2020년 3월17일 오후6시~8시
2. **장소** : 강남예인스페이스
3. **교통** : 강남역 9번출구
4. **주소** : 서울 서초구 서초대로77길 9
5. **장소문의** : ▓▓▓▓▓▓▓
6. **수강료** : 20,000원(계좌이체, 현장 결)
7. **입금계좌** : ▓▓▓▓▓▓▓▓▓▓▓▓
8. **교육문의** : ▓▓▓▓▓▓▓▓▓▓▓▓▓▓
* 선착순 입금 30명 마감합니다.

* 휴대폰 번호			
* 이름			
* 이메일	@		직접입력 ▼
개인정보 수집	☐ 개인정보 수집 동의	약관보기	

▲ 랜딩페이지 예시. 고객의 정보를 받을 수 있도록 네이버폼, 구글 독스 등을 활용하면 좋다.

게 너무 민망하고 부담스럽다는 사업자를 보곤 한다. 우리는 치열한 경쟁 사회를 살아가고 있다. 자존심을 내세울 겨를이 있는가? 시장에서 이미 성공적으로 자리 잡은 마케팅 방식이 있는데 민망하다는 이유로 활용하지 않는다면 도태될 수밖에 없다.

당신의 스마트폰에 사업과 관련된 전화번호를 확인해보자. 몇 개의 전화번호가 있고, 받아둔 명함은 몇 장이 있는가? 거기서 내 제품을 구매한 사람과 한 번이라도 문의한 사람을 나눠 각각 별도의 파일에 정리해두자. 그렇게 기존 고객과 잠재고객으로 나누면 관리가 훨씬 수월할 것이다. 기존 고객 데이터를 좀 더 세세하게 긍정적인 피드백을 준

고객과 부정적인 피드백을 준 고객으로도 나눌 수 있다. 이제 우리는 정리한 데이터를 어떻게 활용해 단골로 만들지 고민해야 한다. 각각의 데이터를 공략하기 좋은 랜딩페이지를 따로 만들어도 좋고, SNS와 연계해 구매를 유도해도 좋다. 예를 들어 필자는 유튜브를 적극 활용하는 편인데, 문자로 중요한 내용을 5줄가량 작성한 후 추가로 유튜브 주소 링크를 넣어 유입을 유도한다.

참고로 랜딩페이지에는 필수적으로 고객의 정보를 받을 수 있는 양식을 구축해놔야 한다. 네이버폼, 구글 독스 등을 활용하면 좋다. 다시 한번 강조하지만 문자 마케팅은 반드시 정상적으로 확보된 데이터를 활용해야 한다. 성실히 고객 데이터를 모아 어느 정도 준비가 되었다면 용기를 내고 문자 마케팅을 시도해보자.

생각보다 효과가 좋은 이메일 마케팅

인터넷 이용자 중에 이메일 주소가 없는 사람이 있을까? 이메일은 네이버, 구글에 회원가입만 해도 자동으로 주어지는 온라인 주소이자, 때때로 직장인에게는 명함의 역할을 대신하기도 하는 전자메일 서비스를 뜻한다. 그런데 불법적인 루트로 이메일 데이터를 취합해 활용하는 마케팅 업체들이 늘어나면서, 상대방의 동의를 얻어 정당하게 이메일 주소를 취합해 광고를 하는 선량한 사업자들의 메일까지 스팸으로 취급되는 일이 벌어지고 있다. 하루에도 수십 통씩 이메일로 광고가 쏟아지니 이메일 마케팅에 대한 시장의 인식은 악화될 수밖에 없다.

광고성 이메일에 회의감을 느낀 사례가 많다 보니 필자도 관련 강연을 할 때면 "도달률도 낮고 잘 보지도 않는데 꼭 해야 할까요?"라는 질문을 많이 받는다. 실제로 전문가들은 수신자가 광고 메일을 열어볼 확률을 한 자릿수대로 보고 있다. 그러나 필자의 생각은 다르다. 불특정 다수의 성별도 취향도 모르는 누군가에게 보낸 메일이라면 당연히 도달률이 높을 수 없지만, 타깃을 특정 지어 상대방이 필요로 하는 정보를 보낸다면 이야기는 달라진다. 즉 고객이 사업자인 우리에게 자의로 제공한 이메일 주소로 광고 메일을 보낸다면 도달률은 한결 높아질 것이다.

필자는 페이스북을 보다가 도움이 될 만한 자료를 무료로 준다는 광고가 보이면 자주 클릭하는 편이다. 그러한 게시물은 대개 이메일만 기입하면 필요한 자료를 해당 이메일로 보내준다는 식의 광고인 경우가 많다. 필자처럼 이렇게 필요한 자료를 메일로 받아 필요할 때 읽어보는 사람들이 의외로 많다. 전화번호라면 부담스럽겠지만 이메일은 그렇지 않기 때문에 데이터 취합이 수월한 편이다. 잠재고객의 정보를 얻기 위해서는 되도록 이메일 등 간단한 정보만 기입하도록 유도해야 한다. 전화번호, 주소 등 내밀한 정보까지 요구하면 거절당할 확률이 크다. 잠재고객이 정보를 제공하면 즉시 감사 메시지를 전달하고, 유익한 정보를 담은 광고가 예약 발행되도록 미리 세팅해놓기만 하면 된다.

참고로 제품과 서비스의 장점만 늘어놓으며 구매를 강요하는 메일은 수신 거부되기 딱 좋다. 단기간에 메일 한두 통으로 매출을 만들겠다는 생각은 욕심이다. 이메일 정보를 취합한 잠재고객은 가두리 양식

▲ 스티비 홈페이지 화면. 일일이 메일을 작성하고, 뉴스레터를 만들 시간을 내기 힘들다면 관련 서비스를 이용해보기 바란다.

장에 들어온 물고기와 같다. 즉 꾸준히 먹이를 주고 돌봐주며 잘 키워야 매출을 창출할 수 있다. 1만여 명의 사람들에게 홍보 메일을 발송하면 약 15%(1,500통)가 주소를 틀리거나 메일함이 꽉 차 있어서 받지 못하고, 나머지 85%(8,500통)만 전송된다는 통계가 있다. 그중 일주일 안에 메일을 열어보는 사람은 10%(850명)가량이고, 링크를 통해 랜딩페이지까지 유입되는 수는 대략 1%(10명) 정도라고 한다.

참고로 관련된 마케팅 자동화 시스템을 구축하기 위한 서비스로는 우리에게 많이 알려진 겟리스폰스(getresponse), 메일침프(mailchimp) 등이 있다. 국내 기업이 제공하는 서비스로는 스티비(stibee)가 있는데, 스티비 홈페이지(stibee.com)에서 간단히 활용할 수 있다. 일일이 메일을 작성하고, 뉴스레터를 만들 시간을 내기 힘들다면 관련 서비스를 이용해보기 바란다. 처음부터 유료 서비스를 이용하기보단 한 달 정도 무료로 체험한 뒤 자신에게 맞는 솔루션을 사용하면 실수를 줄일 수 있다.

소비자의 흔적을
추적하라

이 시간에도 당신의 경쟁자는 거리에서 고객의 시선을 끌기 위해 독특한 오프라인 이벤트를 열고 있고, 온라인에서는 다양한 프로모션을 통해 잠재고객의 정보를 확보하는 데 힘쓰고 있다. 그렇다면 당신은 어떠한가? 고객에게 미안하고 쑥스럽다는 이유로 마케팅 활동에 미온적이지 않았는가? 꼭 고객과 직접 대면해 명함을 요청하거나, 유료 광고 서비스를 이용하는 방법만 있는 것은 아니다. 지금까지 함께 SNS 마케팅에 대해 공부한 이유는 효과적으로 잠재고객에게 다가가 우리의 사업을 키우기 위해서였다. 인스타그램을 하고 있다면 팔로워들을 위한 이벤트를 열어 DM을 통해 고객의 정보를 받는 등 방법은 다양하다. 블로그도 마찬가지고, 페이스북도 마찬가지다.

그럼 잠재고객에게 '우리 제품이 이렇게 좋습니다.'라는 메시지만 전달하면 끝인 걸까? 아니다. 마케팅이 결실을 보고 구매전환까지 이르게 하기 위해서는 소비자들의 행동을 추적해야 한다. 고객이 제품을 산 이후에도 후기를 살펴보고, 상품별 반응을 모니터링하고, 따로 불만이나 건의사항은 없는지 친절하게 다가가 물어봐야 한다. 고객의 반응과 행동을 추적해 분류하는 일을 귀찮아해서는 안 된다. 따라서 가입과 재방문, 구매전환을 유도하는 것 못지않게 리뷰를 작성하도록 유도하는 것 또한 중요하다.

잠재고객을
모으는 방법

　　이제 잠재고객 확보가 당신의 브랜드를 키우는 데 얼마
나 중요하고, 매출을 올리는 데 얼마나 큰 영향을 미치는지 알게 되었
을 것이다. 그럼 잠재고객은 어떻게 모으고 관리해야 하는 걸까? 잠재
고객 중 누군가는 네이버에 들어가 특정 키워드를 검색할 것이고, 또
누군가는 네이버 지도에 들어가 특정 업체를 직접 찾을 것이다. 또 누
군가는 페이스북에 주로 상주할 것이고, 다른 누군가는 유튜브에서 추
천 동영상을 보며 시간을 떼우고 있을 것이다. 이들 중 어떤 사람이 당
신의 사업에 필요한 사람인가? 잠재고객의 성향과 활동 반경부터 정확
히 파악해야 한다.

데이러의 보고,
네이버

　우리는 하루에도 몇 번씩 네이버에 들어가 필요한 무언가를 검색하곤 한다. 친구들과 대화하다 궁금한 게 생겨 검색을 통해 찾아볼 때도 있고, 검색엔진을 이용하지 않더라도 심심해서 실시간 검색어를 살펴볼 때도 있다. 우리는 이들 중 내 사업에 직접적으로 도움이 될 만한 사람들만 콕 집어낼 필요가 있다. 다행히 네이버에서는 이용자들의 검색 정보를 모아 데이터로 정리해 보여주는 서비스를 제공하고 있다. 바로 네이버 광고의 '키워드 도구'와 '네이버 데이터랩'이다.

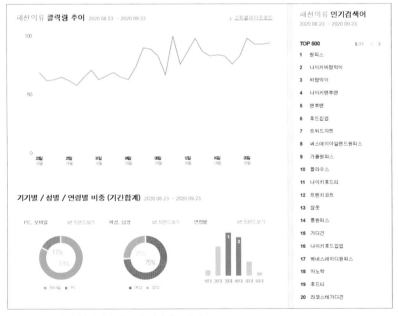

▲ 네이버 데이터랩 '패션의류' 쇼핑 인사이트 화면

키워드 도구에 대해서는 앞서 설명했으니 이번에는 네이버 데이터 랩에 대해 알아보겠다. 네이버 데이터랩은 검색 트렌드, 급상승 검색어 이력, 쇼핑 카테고리별 검색 트렌드 등 다양한 인사이트를 제공해주는 서비스다. 특히 사업자에게 유용한 것은 '쇼핑 인사이트' 메뉴인데 업 종별, 기간별, 기기별(PC, 모바일), 성별과 연령 등에 따라 어떤 제품을 자주 검색했는지 관련 데이터를 확인할 수 있다. 네이버를 이용한 이 용자들의 흔적을 바탕으로 트렌드 동향을 파악할 수 있는 것이다. 의 류 사업자의 경우 잠재고객의 과거 검색 이력, 예를 들어 최근 몇 년 동 안 가을에 '바람막이' 검색량이 폭발적으로 증가했다면 올해 가을에 바람막이를 적극적으로 홍보해야 할 것이다. 특히 스마트스토어를 활 용하고 있는 사업자라면 반드시 쇼핑 인사이트 메뉴를 늘 모니터링해 야 한다.

오프라인 매장을 운영하고 있다면 네이버 데이터랩의 '지역 통계'

▲ 네이버 데이터랩의 '지역 통계' 화면

또한 유심히 확인해야 한다. 지역별로 선호하는 업종과 제품 등 다양한 정보를 취합할 수 있기 때문이다. 데이터랩 서비스를 활용해 자신의 사업과 관련된 검색어의 사용량과 여러 인사이트를 꼼꼼히 확인해 공부하기 바란다. 범인은 반드시 흔적을 남긴다고 하지 않았던가? 당신의 웹사이트에 들어온 고객은 반드시 흔적을 남긴다. 네이버가 제공하는 서비스만 잘 활용해도 매출에 큰 보탬이 될 것이다.

페이스북, 인스타그램은 스폰서 광고가 가장 최선이다

페이스북의 국내 가입자 200만 명 중 활발히 활동하고 있는 수는 한정적이며, 그 안에서 내 고객이 될 만한 타깃은 더욱 한정적이다. 페이스북의 이용자 전부가 내 고객이 될 수 있다면 그보다 좋은 일은 없겠지만 현실적으로 불가능한 일이므로 다른 방법을 모색해야 한다. 네이버의 경우 데이터랩 등 자체적으로 제공하는 서비스 몇 가지를 이용해 어느 정도 잠재고객의 동향을 예측할 수 있지만, 페이스북에서 잠재고객을 확보할 때는 조금 다른 전략으로 접근해야 한다.

과거에는 페이스북도 네이버처럼 페이지의 팬들이 어떤 페이지를 좋아하고, 어떤 활동을 했는지 추적할 수 있는 '그래프서치'라는 기능을 제공했었다. 하지만 현재는 개인정보 보호를 위해 그 기능을 막아둔 상태다. 그래프서치가 적용되었던 시기에는 내 페이지 팬들의 흔적을 찾아 유사한 타깃을 추적하기 쉬웠지만, 이제는 그 방법이 막히

다 보니 유료로 그래프서치처럼 관련 데이터를 제공하는 사설업체들이 활발히 활동하는 중이다. 그러나 사설업체의 정보는 정확성이 떨어지고, 그래프서치처럼 언제 사라질지 모른다는 단점이 있다. 결국 남아 있는 방법 중 가장 효과적인 방법은 페이스북 스폰서 광고라고 생각한다. 랜딩페이지 등을 활용해 잠재고객의 정보를 확보한 후 문자 마케팅과 이메일 마케팅을 병행하는 방법이 현재로서는 가장 최선이다.

당신의 사업이
흔들림 없기를 바라며

우리는 이 책을 통해 고객을 나의 랜딩페이지로 유입시키기 위한 다양한 방법을 살펴보았다. 마케팅의 귀결은 다양하지만 회사를 먹여 살리는 종착역은 역시 구매전환일 것이다. 그러나 말했다시피 구매전환은 내 의지가 아닌 고객의 의지에 의해 이루어진다. 유입이 아무리 많아도 구매전환율이 낮다면 무엇이 문제인지 파악해 문제점을 반드시 고치기 바란다. 이제 당신이 할 일은 잠재고객을 확보하고 단골로 만드는 일이다. 고객의 데이터를 확보하기 위해 당신이 가진 무기를 잘 갈고닦아 합리적인 제안을 해야 한다. 고객이 받아들일 만한 매력적인 제안이 아니라면 그만큼 홍보에 시간과 비용이 더 소요되기 때문에 다시 한번 자신의 제안을 검토해보기 바란다.

이 책은 총 6개 파트로 구분되어 있지만 결국 결론은 콘텐츠를 잘 만들고, 콘텐츠 안에 고객의 정보를 얻을 수 있는 장치를 마련하고, 마케팅 자동화 시스템을 활용해 그들을 단골로 만들라는 것이다. SNS 마케팅이 성공하기 위해선 타깃의 니즈를 정확히 알아야 하고, 그 니즈

에 맞는 정보를 제공하는 작업을 꾸준히 반복해야 한다. 아직 감이 잘 오지 않는다면 일단 가벼운 마음으로 SNS 계정을 운영해보자. 블로그, 페이스북, 인스타그램, 유튜브 등은 시간은 들지언정 돈은 따로 들지 않는다. SNS 계정을 운영하고, 콘텐츠를 올리고, 잠재고객과 소통하는 그 시간마저 아깝게 느껴진다면 그 생각부터 재고하기 바란다.

사업이 흥하고 망하는 것은 '내가 이 일을 하고 있다는 사실을 많은 이들이 알고 있는가?'에 달려 있다. SNS 마케팅으로 충성스런 고객을 확보하게 되면 그들로 인해 확산되는 광고의 파급력, 즉 바이럴 마케팅 효과는 상상 이상이다. 바로 공유라는 SNS의 특성 때문이다. 지역, 성별, 연령, 관심사, 행동을 구분해 세밀하게 광고를 집행하면 분명 더 많은 고객을 찾아낼 수 있을 것이다.

유입과 구매전환을 위한 노력을 게을리해서는 안 된다. 유입과 구매전환의 핵심은 제품을 구입했을 때 고객에게 얼마만큼 이득이 되느냐에 달려 있다. SNS 마케팅을 통해 유입을 늘리고 구매전환율을 높이기 위한 준비가 끝났다면, 이제부터는 작년보다 훨씬 나은 매출을 만들어내는 일만 남았다. SNS 마케팅을 통해 어떤 불황의 파도가 찾아와도 당신의 사업이 흔들림 없기를 진심으로 기원한다.

SNS 마케팅을 통해 성공적으로

고객에게 감성을 전달할 수 있다면

당신의 비즈니스는 빠르게 성장할 것이다.

SNS 마케팅
Q&A

Q 어떻게 하면 네이버 스마트플레이스에서 우리 업체가 상위노출될 수 있을까요?

A 스마트플레이스에 업체를 등록할 때는 우선 기입할 수 있는 정보는 최대한 기입해야 합니다. 정보 기입만 충실히 잘 해도 상위 페이지로 올라오는 경우가 자주 있습니다. 스마트플레이스는 정확성, 트래픽, 리뷰수, 공감 수 등을 기준으로 순위가 매겨집니다. 블로그 상위노출의 경우 불법 프로그램으로 순위를 조작하는 사례가 비일비재하나 스마트플레이스는 따로 순위 조작이 어렵다는 장점이 있습니다. 설사 조작이 가능하다 하더라도 금방 차단되기 때문에 걱정할 필요는 없습니다.

Q 저품질 블로그가 되면 어떻게 풀 수 있나요? 아니면 다시 처음부터 시작해야 할까요?

A 네이버 블로그를 운영하시는 분들이 가장 궁금해하는 것 중 하나가 바로 저품질 문제입니다. 저품질에 대한 정보는 공식적으로 알려진 바가 없기 때문에 '카더라'가 만연한데요. 한 가지 확실한 건 저품질 상태가 되어도 충분히 수정하고 보완해 풀 수 있다는 것입니다. 따로 새롭게 블로그를 개설해 운영하지 않아도 됩니다. 저품질 블로그가 되었다는 건 내 글이 검색되지 않거나 잘 노출되지 않는다는 뜻인데요. 만약 저

품질을 푸는 방법을 모른다면 새롭게 블로그를 만들어도 다시 똑같은
이유로 저품질 상태가 될 확률이 큽니다. 상위노출된 다른 블로그들을
분석해 이유부터 정확히 파악하고 문제를 개선하기 바랍니다.

Q 블로그에 올린 글의 제목을 수정하거나 내용을 수정하면 저품질에 걸리나요?

A 이미 포스팅이 끝난 글을 수정한다고 해서 저품질 상태에 빠지지는 않
습니다. 이는 시중에 떠도는 소문입니다. 그러나 수정한 제목이 글의 내
용과 맞지 않거나, 반대로 수정한 글의 내용이 제목과 맞지 않으면 문제
가 생길 수 있습니다. 수정 전에는 정확한 정보를 다루다가 수정 후에
내용의 사실 관계가 달라진다면 도달률이 떨어질 수 있습니다.

Q C-RANK가 도대체 뭔가요?

A 네이버 블로그의 상위노출 여부를 판단하는 알고리즘으로, 블로그의
전문성을 중시하는 판단 기준이라고 생각하면 됩니다. 피트니스센터
를 운영하는 A와 B 두 사람이 똑같이 건강에 대한 주제의 글을 올려도
블로그 운영 기간에 따라 노출 순위가 달라질 수 있습니다. A가 건강
과 관련된 글을 1년 동안 올렸고, B가 2년 동안 올렸다면 비슷한 콘텐

츠를 포스팅해도 B의 블로그가 더 상위에 노출될 것입니다. 물론 다른 변수도 있지만 C-RANK 하나만 놓고 판단한다면 B의 글이 더 상위노출될 가능성이 큽니다. 앞서 일관된 콘셉트로 꾸준히 블로그를 운영하라고 조언한 이유입니다.

Q 그렇다면 D.I.A 로직은 뭔가요?

A C-RANK가 전문성을 중시한다면 D.I.A 로직은 내용의 충실함을 심사합니다. D.I.A 로직은 글의 내용에 중점을 두고 상위노출 여부를 판단합니다. 운영한 지 얼마 되지 않은 블로그가 통합검색 상위에 노출되었다면 D.I.A 로직이 관여한 결과입니다. 글의 내용이 월등히 좋다면 경쟁률이 높은 핵심 키워드에서도 상위노출이 가능합니다.

Q 페이스북이 처음에는 쉬웠는데 갈수록 운영하기가 힘듭니다.

A 그 이유는 아마도 관계 유지에 어려움을 느끼기 때문이 아닐까요? 페이스북은 서로의 마음을 나누는 소통 채널입니다. 때때로 다툼이 일어나면 오랜 친구 관계가 뚝 끊어지기도 하지요. 그러나 반대로 잘 맞는 사람을 친구로 둔다면 든든한 후원군을 만든 셈이니 매출에도 큰 도움이 됩니다.

페이스북으로 맺은 관계에 너무 감정이입을 하면 마음이 힘들 수 있습니다. 잠시 SNS와 한 발 떨어진 곳에서 휴식을 취해보면 어떨까요?

Q 페이스북 스폰서 광고는 꼭 해야 하나요?

A 네, 사업을 한다면 꼭 해야 합니다. 사람들이 내 사업의 존재를 알아야 제품이 팔릴 가능성이 생길 텐데, 비용이 아까워 스폰서 광고를 집행하지 않는다면 경쟁자에게 뒤처질 것입니다. 페이스북 스폰서 광고를 통해 지속적으로 자신의 브랜드를 알리는 작업을 해보세요. 단기간 해보고는 효과가 없다고 중지해선 안 됩니다.

Q 페이스북 페이지는 꼭 운영해야 하나요?

A 해도 되고 안 해도 됩니다. 회사를 알릴 수 있다는 장점도 있지만 그만큼 시간을 투자해야 한다는 단점도 있지요. 반면 개인계정은 반드시 운영해야 합니다. 스폰서 광고를 하기 위해선 꼭 페이지가 필요한데요. 스폰서 광고 집행 용도로만 페이지를 만들어도 상관없습니다. 참고로 페이지를 만들어도 6개월 이상 스폰서 광고를 집행하지 않으면 비활성화가 되니 유의하기 바랍니다.

Q 인스타그램은 팔로워만 많으면 다 좋은 건가요?

A 다다익선이니 많으면 좋겠지만 팔로워 수가 꼭 매출과 직결되는 것은 아닙니다. 팔로워가 많은데 게시물에 대한 반응, 즉 댓글, '좋아요' 등의 피드백이 적으면 결코 좋은 일이 아니겠지요. 반면 팔로워는 많지 않은데 쓰는 게시물마다 댓글, '좋아요'가 많으면 오히려 이것이 더 좋은 현상입니다. 그래서 필자는 맞팔 등 의도적으로 팔로워를 늘리는 행위는 그렇게 권장하지 않습니다. 인스타그램을 막 시작한 분들이라면 너무 팔로워 수에 연연하지 말기 바랍니다.

Q 인스타그램에서 해시태그는 어떤 역할을 하나요?

A 해시태그는 특정 키워드와 연관된 콘텐츠를 한곳에 모아 보여주는 역할을 합니다. 따라서 해시태그를 잘 공략하면 효과적으로 브랜드와 제품을 알릴 수 있습니다. 참고로 내 팔로워 숫자가 별로 없고, 게시물에 대한 반응도 미미하다면 경쟁력이 높은 해시태그는 쓰지 않는 편이 좋습니다. 이럴 때는 게시물 수가 적은 해시태그부터 찬찬히 공략하면서 팔로워를 모으기 바랍니다.

따라하면 매출이 따라오는 SNS 마케팅

Q 인스타그램 팔로워와 '좋아요'를 늘려주는 프로그램을 써도 되나요?

A 팔로워와 '좋아요'를 늘려준다는 광고를 종종 보곤 합니다. 과거에는 인스타그램 측에서 이러한 행위를 방관하기도 했으나 이제는 그렇지 않습니다. 불법 프로그램을 사용해 인위적으로 팔로워와 '좋아요'를 늘린 계정을 철저하게 가려내 처벌하고 있으므로 사용을 자제해야 합니다.

Q 인스타그램 계정은 몇 개 정도 운영해야 하나요?

A 인스타그램은 최대 5개까지 운영할 수 있습니다. 그런데 구태여 5개 다 운영할 필요가 있을까요? 완전히 다른 제품을 판매하지 않는 한 개인계정 하나와 비즈니스 계정 하나 정도만 잘 운영하면 크게 무리가 없을 것 같습니다. 지속적으로 잘 관리하지 못한 여러 계정보다는 똑똑한 계정 하나가 더 낫습니다.

Q 유튜브를 꼭 해야 하나요?

A 사업을 하면서 이것저것 가릴 필요가 있을까요? 잠재고객의 연령대가 50~60대라면 인스타그램은 하지 않아도 좋습니다. 잠재고객의 연령

대가 10대라면 페이스북도 좋지만 인스타그램에 집중하는 편이 나을 수도 있겠지요. 하지만 유튜브는 전 세대를 아우르는 SNS입니다. 하루 일과의 시작과 끝을 유튜브와 함께하는 사람들이 늘어나고 있습니다. 사업을 하고 있다면 반드시 유튜브 마케팅에 도전하기 바랍니다. 꼭 전문가처럼 세련된 콘텐츠가 아니어도 됩니다. 스마트폰만 있으면 비싼 마이크, 조명 없이도 콘텐츠를 만들 수 있습니다.

Q 유튜브 마케팅에서 유의해야 할 점은 무엇일까요?

A 일단 주제에 맞지 않은 동영상은 되도록 올리지 말고, 화제를 불러일으키기 위한 자극적인 콘텐츠도 자제해야 합니다. 잠깐 화제를 끌 수는 있겠지만 우리의 궁극적인 목표는 브랜드 이미지를 높이고 매출을 키우는 것입니다. 논란에 휘말려 브랜드 이미지를 망친다면 그간의 노력도 말짱 도루묵이 됩니다. 또한 아직 채널이 자리 잡지 못했다면 동영상 장비에 대한 욕심도 접어야 합니다. 어느 정도 자리를 잡고 나서 구매해도 늦지 않습니다. 그리고 반드시 동영상을 편집하는 방법을 따로 배우시기 바랍니다.

Q. 이메일 마케팅 진행 시 메일은 총 몇 번을 보내는 것이 좋을까요?

A 업종에 따라 다르겠지만 5회에서 8회 정도가 좋습니다. 너무 많이 보내면 받는 사람도 스트레스를 받을 수 있습니다. 업종마다 상황이 다르니 몇 번을 보낼지는 직접 체험해보면서 터득하기 바랍니다. 5번을 보냈을 때의 클릭률과 8번을 보냈을 때의 클릭률을 비교하는 등 효과가 더 좋은 방법을 고르면 됩니다. 사실 가장 중요한 건 메일 안에 담긴 콘텐츠입니다. 잠재고객의 이탈을 막고 구매전환율을 높이기 위해선 메일의 수보다 콘텐츠의 내용이 더 중요합니다.

Q. 이메일 마케팅을 도와주는 서비스의 가격은 얼마인가요?

A 국내 업체인 스티비의 경우 한 달은 무료로 사용할 수 있고, 월 9,900원부터 월 2만 9천 원까지 가격대는 다양합니다. 여기에 수신자의 수가 증가하면 가격이 조금씩 상향 조정됩니다. 겟리스폰스는 한 달간 무료로 체험할 수 있으며, 월 49달러를 기준으로 추가 요금 여부가 결정됩니다. 다른 서비스도 요금 체계는 비슷합니다. 다양한 서비스를 한 달씩 무료로 이용해본 후 만족도가 높은 서비스를 결제해 이용하면 됩니다.

따라하면 매출이 따라오는
SNS 마케팅

초판 1쇄 발행 2020년 10월 15일
초판 2쇄 발행 2021년 5월 10일

지은이 | 임성빈
펴낸곳 | 원앤원북스
펴낸이 | 오운영
경영총괄 | 박종명
편집 | 이광민 최윤정 김효주 강혜지 이한나 김상화
디자인 | 윤지예
마케팅 | 송만석 문준영 이태희
등록번호 | 제2018-000146호(2018년 1월 23일)
주소 | 04091 서울시 마포구 토정로 222 한국출판콘텐츠센터 319호(신수동)
전화 | (02)719-7735   팩스 | (02)719-7736
이메일 | onobooks2018@naver.com   블로그 | blog.naver.com/onobooks2018
값 | 16,000원
ISBN 979-11-7043-128-2 14320
       979-11-963418-1-7 (세트)

이 도서의 국립중앙도서관 출판예정도서목록(CIP)은 서지정보유통지원시스템 홈페이지(http://seoji.nl.go.kr)와
국가자료종합목록 구축시스템(http://kolis-net.nl.go.kr)에서 이용하실 수 있습니다. (CIP제어번호 : CIP2020041236)